아이는 언제나 옳다

아이는 언제나 옳다

천근아 지음

위즈덤하우스

저자의 말

아이들이 간절하게 보내는 신호

정신분석학에 "환자는 언제나 옳다"라는 말이 있습니다. 환자가 보이는 증상에는 다 이유가 있으며 그 사람의 고유한 정신심리적 갈등의 산물이므로 어떤 증상도 우연인 것은 없다는 의미입니다. 소아정신과 의사로서 20여 년간 진료실에서 수도 없이 던진 말이 "어머님, ○○의 입장에서 생각해보세요", "아버님, ○○이가 왜 그랬을까요?"와 같은 것입니다. 일반 부모 대상 강연에서도 자녀들의 시각과 속마음을 대변하려 노력합니다. 자녀를 사랑하지 않는 부모는 없습니다. 그러나 자녀를 제대로 이해하지 못하는 부모는 많습니다.

"아이는 언제나 옳다"라는 말은 아이들이 보여주는 모든 말과 행동에는 다 이유가 있고 그 이유를 찾아내는 것은 부모를 비롯한 우리 어른들의 몫이라는 뜻입니다. 스스로 자기 문제의 원인을 찾아서 해결하는 힘을 아이에게 길러주는 것은 아이가 도움을 구하는 신호에 어른과 사회가 어떻게 반응하며 제 역할을 다 해주는지에 달려 있습니다. 원래부터 의지가 약한 아이, 한심하고 나약한 아이는 없습니다. 아이마다 모두 세상에 존재하는 이유가 있습니다. 하루살이일지도 그렇게 단 하루를 살다가 생을 마감하는 이유가 있는 것처럼 말입니다. 또 지금 아이가 온 힘으로 지나고 있는 발달 시기가 그에 합당하니까 그런 모습으로 표현되어 나오는 것이지요.

다른 누구도 아닌 나에게로 와준 내 아이가 힘들어한다면, 부모가 감당하기 버거운 말과 행동으로 표출한다고 해도 다 그럴 만한 이유가 있다는 뜻에서 "아이는 언제나 옳다"라고 거듭 강조해 말하고 싶습니다. 다만 제 말이 아이를 무조건 옹호하고 부모를 비난하려는 의도가 결코 아님을 알아주셨으면 좋겠습니다. 아이는 아이 나름의 방식으로 어른인 우리에게, 특히 아이가 세상에서 가장 가까운 사람으로 느끼는 부모에게 도와달라고, 제발 자기 아픔을 들여다봐달라고 간절하게 신호를 보내고 있는 것입니다. 그 방식이 우리에게는 도무지 이해가 안 되고 몹시 마뜩하지 않더라도 말입니다.

이 책을 다 읽을 즈음에는 부모들이 아픈 아이가 힘들게 보내는 신호를 아이에 대한 실망과 분노가 아니라 아이를 향한 관용과 포용으로 측은하게 받아들일 수 있으리라고, 그리하여 아이와의 관계를 더 이상 악화시키지 않고 서로에 대한 사랑과 신뢰를 바탕으로 돈독하게 다져나갈 수 있으리라 믿습니다.

저는 평소 늘 생각해왔던 육아 철학과 두 아들을 키우는 엄마로서의 실전 육아 경험, 그리고 소아정신과 전문의로서의 진료 현장 경험을 그때그때 실시간으로 SNS에 짧게 기록하곤 했는데, 『아이는 언제나 옳다』는 그 단문들을 엮어서 9년 전 출간한 책입니다. 그때로부터 어느덧 시간이 쏜살같이 흘렀습니다. 이 책 속의 어린 두 아들이 이제는 훌쩍 커버려 각자 독립적인 성인으로 살아갈 준비를 하고 있습니다. 자녀 양육의 기본 원칙은 9년 전이나 지금이나 보편적으로 유효하지만, 그사이에 저는 두 아들과 제 진료실을 찾아준 아이들을 통해 더욱 성장하고 진화했습니다. 그래서 좀 더 단단해진 내공으로 이 책을 다시 다듬고 보완하여 개정판을 내기로 결심했습니다.

지금 아이 때문에 속상하시다면 그 아이가 나를 힘들게 한다고 생각하지 마시고, 내가 부모로서 성장할 기회를 아이가 만들어주는 것이라고 생각해보시길 바랍니다. 우리는 아이를 통해 조금씩 더 나은 부모로, 어른으로 진화합니다.

제 인생에 뛰어들어 엄마가 발전할 계기를 만들어준 두 아들

홍규와 홍승이, 그리고 저에게 언제나 큰 깨달음을 안겨주는 진료 현장의 아이들과 그 부모님들께 이 책을 바칩니다.

2022년 2월
겨울의 끝자락을 보내며
천근아

차례

저자의 말 | 아이들이 간절하게 보내는 신호 • 5

Part 1
아이가 바라는 것, 부모가 바라는 것

부모의 반응이 아이의 가치관을 바꾼다 • 18
정신이 건강한 아이들의 특징 • 20
타고난 기질에 따른 양육이 중요하다 • 22
아이의 기질을 파악하는 방법 • 24
그릇이 큰 아이로 키우려면 • 30
아이에게 무한한 신뢰를 보인다는 것 • 32
아이의 사랑 배터리를 충전하는 법 • 34
아이의 세상을 그대로 인정하기 • 36
아이를 속박하지 않으려는 노력 • 40
사소한 차이를 감지했을 때 • 42
아이는 대단한 것을 바라지 않는다 • 44
엄마가 바라는 것은 오직 네 행복뿐이야 • 45
따뜻함과 엄격함을 함께 갖춘 부모 • 48
아빠의 역할은 매우 중요하다 • 51
양육의 세 가지 기본 원칙 • 53
부모가 해야 할 일 vs 하지 말아야 할 일 • 55

Part 2
긍정 육아의 첫 번째 원칙 : 반응성
"아이의 신호에 민감하게 공감하는 법"

아이만의 발달 시간표를 따를 것 • 64
있는 그대로의 모습을 인정하기 • 66
아이의 성장을 위한 최고의 방법 • 69
어린이집에는 언제부터 보내야 할까? • 71
아이가 보내는 신호에 민감해지기 • 76
엄마한테는 네가 1번이야 • 78
아이의 관계 욕구를 채워줄 것 • 80
아이가 웃으면 같이 웃기 • 84
어떤 고민도 한심하지 않다 • 85
속상한 마음부터 이해해주기 • 87
기다리는 훈련을 시킬 때 • 90
당황하지 않고 차분하게 • 92
기다릴 줄 아는 아이로 키워야 하는 이유 • 96
'너를 이해한다'는 메시지 • 98
훈육과 학대의 차이 • 99
소통의 첫걸음 • 100
기분 좋은 대화 상대가 되는 방법 • 102
서툰 표현도 진지하게 받아주기 • 103
독이 되는 칭찬과 약이 되는 칭찬 • 105
아이가 변한다는 신호 • 109
감정 표현을 잘하는 아이가 건강하다 • 111

Part 3
긍정 육아의 두 번째 원칙 : 민감성
"아이의 모든 행동에는 이유가 있습니다."

아이의 행동에 '어느 날 갑자기'는 없다 • 118
숨어 있는 욕구를 발견하기 • 120
생떼와 불안을 구분할 것 • 122
아이의 약한 신호를 놓치지 않으려면 • 124
아이의 표정이 어두운 날에는 • 128
밥을 먹으면서 아이의 '이야기 배'까지 채워줄 것 • 130
자기 실수를 스스로 돌아보도록 • 132
사랑받고 싶다는 반어적 표현 • 135
화가 나서 방문을 열지 않는 아이에게는? • 137
고집 센 아이의 속마음 • 139
큰아이가 동생을 괴롭히면 • 141
외출만 하면 아이에게 자꾸 연락이 온다고요? • 143
아이는 정말로 스마트폰이 가지고 싶은 걸까? • 145
아이가 게임에 빠지는 이유는 따로 있다 • 147
행동과 옷차림을 훈육할 때 • 152
왜 거짓말하는지부터 파악할 것 • 154
내 아이가 학교 폭력 가해자라면 • 157
집중력이 떨어지면 주의력결핍 과잉행동장애일까? • 160
또래와 어울리지 못하고 사차원이라면 • 166
아이가 자해를 반복한다면 • 170

Part 4
긍정 육아의 세 번째 원칙 : 일관성
"사랑받는다고 깨닫는 순간, 아이는 달라집니다."

부모가 항상 화낸다고 말하는 아이 • 178
아이를 객관적으로 관찰할 수 있다면 • 180
충분히 사랑받은 아이가 잘 독립한다 • 182
아이를 스스로 움직이게 하는 힘 • 184
아이와 협상할 때는 생각해볼 시간을 줄 것 • 188
아이는 이미 다 알고 있다 • 190
아이와 현명하게 협상하는 기술 • 192
"안 돼"를 잘 가르치는 법 • 195
진심을 전달하는 사소한 방법 • 198
부모가 먼저 불안해져서는 안 된다 • 200
자신의 진짜 모습을 알아야 변할 수 있다 • 202
마음속으로도 아이를 한심하게 여기지 말 것 • 206
잘못은 직접적인 지적 대신 간접적으로 • 208
잔소리하기 전에 딱 세 번만 믿어줄 것 • 210
아이를 혼내야 할 때 지켜야 할 철칙 • 213
체벌은 아이의 뇌에 흉터를 남긴다 • 217
아동기 트라우마는 평생 악영향을 끼친다 • 222
아이의 회복력부터 튼튼하게 다질 것 • 224
사랑받는다고 깨닫는 순간 달라진다 • 226
아이를 강하게 키우고 싶다면 • 228
공부를 좋아하는 아이로 키우는 법 • 232
공부 발동이 안 걸리는 아이 vs 공부 의욕이 없는 아이 • 234
"엄마, 아빠가 바라는 꿈 말고 네 진짜 꿈은 뭐니?" • 238
아이의 꿈을 응원해주기 • 240

Part 5
당신은 충분히 좋은 부모입니다

완벽한 부모도, 완벽한 아이도 없다 • 246
엄마 되기는 이토록 어렵다 • 248
아이들은 스스로 변하고 진화합니다 • 250
부모는 아이의 약점을 받아들여주는 사람 • 254
도움은 서서히 줄이되 관찰은 지속할 것 • 256
우리는 이미 충분히 좋은 부모다 • 258
부모도 위로받아야 한다 • 261
일하는 부모에게 필요한 '문자 육아' • 262
부모이기에 먼저 행복해야 한다 • 266
누군가의 거울이 된다는 것 • 269
아이와 함께 부모도 성장해야 한다 • 270

Part 1

아이가 바라는 것, 부모가 바라는 것

아이가 자신의 의사를 명확히 표현하고,
독립적으로 사고하고 행동하려는 모습을
존중해줘야 합니다.
거기에서부터 아이와의 소통이 시작됩니다.
부모의 생각에 반항한다고 여기지 말고
오히려 반가워하세요.
아이가 이 세상에서 대화가 가장 즐거운 대상이
부모가 될 것입니다.

부모의 반응이
아이의 가치관을 바꾼다

　아기의 미소에 미소로 반응하고 아기가 느끼는 감정을 언어로 읽어주는 동안 부모와 아기 사이에는 친밀한 신호들이 오갑니다. 이 신호를 나누는 과정을 통해 아이는 '아, 세상은 안전한 곳이야!'라고 느끼면서 험한 세상을 견딜 힘의 초석을 다지게 되지요.

　아이 앞에서 잘 울거나 시무룩한 엄마가 있습니다. 아이는 엄마를 위로하려 합니다. 엄마의 감정에 맞추기 위해 애를 쓰느라 자신의 감정은 표출하지 못합니다. 아이는 가짜로 독립적인 아이로 성장해가겠지요. 실은 아이의 마음속에 의존하고 싶은 욕구가 가득한데도 말입니다. 부모의 반응은 이토록 중요합니다.

　"말을 잘 들어서 착하구나"보다는 "힘든 감정을 표현해주니

고맙다"가 좋습니다. 이렇게 얘기해주면 아이는 자신이 말을 잘 안 듣게 되는 일이 생겨도 부모는 여전히 자신을 사랑할 것이며, 힘들다고 솔직하게 말해도 부모가 실망하는 일 없이 자신을 안전하게 보호해줄 것이라는 믿음을 쌓습니다. "1등 축하해"보다는 "그동안 노력해온 네가 자랑스럽다"가 낫고, "참 똑똑하구나"보다는 "어려운 문제도 포기하지 않고 풀어내니 대견하다"가 낫습니다. 그러면 아이는 결과가 아닌 과정의 중요성을 깨닫게 되고, 성공에 대한 조바심은 줄어들고, 실패에 대한 좌절 감내력은 커질 것입니다.

인간은 누구나 실수를 하고 실패를 합니다. 앞으로 부모를 떠나 더 큰 세상에 나아가 수많은 실패와 좌절을 겪어야 할 아이들에게 이보다 더 좋은 배움이 무엇일까요?

이렇게 부모의 반응에 따라 아이의 가치관이 달라집니다.

정신이 건강한 아이들의 특징

정서적인 안정이 가장 중요하다고 늘 강조하는 이유는 그것이 모든 두뇌 발달에 유의미한 영향을 미치기 때문입니다. 아무리 공부를 잘하고 똑똑한 두뇌라도 정서적으로 편안하고 안정된 두뇌를 따라갈 수 없습니다. 마음이 편해야 무언가에 집중할 수 있고 기억을 잘해낼 수 있는 것과 마찬가지입니다.

정신적으로 건강한 사람은 거절하고 싶을 때 편하게 거절할 수 있고, 상대방의 도움이 필요할 때 편하게 요청할 수 있으며, 화가 날 때 자기 분노를 적절한 언어로 표출할 수 있는 사람이 아닐까 생각합니다. 쉽지 않은 일이지요. 자신 안에 있는 갈등과 두려움이 해결돼야 가능한 일이니까요.

아이가 자기감정을 돌려서 말하거나, 거짓으로 혹은 과장되게 표현하지 않고 군더더기 없이 정확하게 표현한다는 것은 정신적으로 아주 건강하다는 뜻입니다. 그저 순종적인 사람에게는 상대방을 거부하면 사랑을 잃을지 모른다는 두려움이 있고, 매사에 반항적이고 공격적인 사람에게는 자신의 불안과 소심함을 들킬까 봐 선제공격으로 상대방의 사랑을 시험하려는 마음이 있거든요. 모두 불신에서 기인합니다.

   부모가 아이의 거짓 감정을 알아채야 합니다. 아이가 계속해서 거짓 감정을 표현하지 않아도 되는 편안한 분위기를 만들어주는 것이 중요합니다. 아이가 자신의 진짜 감정 즉, 분노와 짜증, 불안과 같이 속에 쌓아둔 솔직한 감정을 표출할 때 적극적으로 반응하고 공감해주는 부모가 건강한 아이를 만듭니다.

타고난 기질에 따른 양육이 중요하다

인간의 인성 발달에 중요한 영향을 미치는 것이 타고난 '유전자Nature'냐, '양육Nurture'이냐 하는 문제는 늘 이슈입니다. 말하자면 지금은 타고난 기질에 맞는, 이른바 '맞춤형 양육'이 필요한 시대입니다.

연년생인 제 아이들은 타고난 기질적 특성이 참으로 달랐습니다. 큰아이는 정적이고 조심성이 많았고, 둘째는 동적이고 호기심이 많았습니다. 그런데도 바쁘다는 핑계로 제 편의대로 아이들이 어렸을 때 함께 태권도를 시키고, 똑같이 피아노 레슨을 받게 했으며, 동일한 학원에 보내기도 했습니다. 초등학교 3학년 이후 두 아이에게 각자 원하는 다른 활동 영역에 참여시켰지만, 좀 더 일찍 두 아이 각각의 기질에 맞는 양육과 교육을 해줬더라면 어땠을까 하는 아쉬움이 남습니다.

그래서 부모를 위한 특별한 훈련이 필요합니다. 여기서 특별한 훈련이란 아이의 특성에 맞는 일대일 맞춤식 개별화 양육 훈련을 말합니다. 아이의 특성을 제대로 파악하는 것이 맞춤식 교육의 첫 단계라고 할 수 있지요.

시중에 나와 있는 양육 지침서와 자녀교육서를 읽어도 내 아이와 다른 점은 조금씩 있기 마련이고, 적용하기 어려운 부분도 많습니다. 내 아이만의 고유한 기질적 특성과 두뇌 특성이 어떤지부터 파악하고, 그에 맞는 양육법과 교육법을 배워서 터득해야 합니다. 아이가 둘 이상이라면 큰아이와 작은아이의 기질 및 두뇌 특성이 어떻게 다른지 알아야 합니다. 그에 따라 두 아이의 공부 습관도 달라질 테니까요. 큰아이에게 효과적이었던 공부 방법이 작은아이에게도 똑같이 효과적일 수는 없습니다.

아무리 좋은 양육법이나 교육법도 아이가 그것을 수용하고 소화할 준비가 되어 있는지, 그것부터 살펴야 합니다. 그저 아이의 뒤를 반 발자국 뒤에서 따라가야 합니다. 부모가 과도하게 앞장서서 이끌면 아이는 절뚝거리며 쫓아오기는 하겠지만, 결국 넘어지고 여기저기 다치게 됩니다.

아이의 기질을 파악하는 방법

• **사례 1**

아이1 : 초콜릿을 받으면 그 즉시 까서 다 먹어버린다.
아이2 : 초콜릿을 받으면 아껴뒀다가 나중에 먹겠다며 바지 호주머니에 집어넣는다.

아이들이 각각 네 살, 세 살일 때 초콜릿을 한 개씩 사주고 그 반응을 관찰한 적이 있습니다. 두 아들은 10대가 되어서도 매사에 그런 식으로 다르게 반응했습니다. 유아기의 초콜릿 실험이 10년 후 아이들의 다른 행동 패턴까지 정확히 예측한 것입니다.

저는 두 아이 중 누가 더 우월하다고 말하려는 게 아닙니다. 서로 다른 기질에 대한 이야기입니다. 각각의 기질에는 장단점이 있으니까요. 기다릴 줄 아는 만족 지연 능력, 절제력, 참을성이 있는 아이는 느리지만 신중함을 갖출 수 있을 것이고, 원하는 것을 즉시 취하는 아이는 빠르고 민첩하지만 다소 일을 급하게 처리하다 실수할 수도 있습니다.

• 사례2
아이1 : 엄마가 집에 들어오니 후다닥 일어나 책을 펼친다.
아이2 : 엄마가 집에 들어오니 갑자기 공부하던 책을 덮고 노는 척
       한다.

  아이1은 부모에게 당장 잘 보이는 게 중요한 아이이고, 아이2는 부모를 실망시키지 않는 게 더 중요한 아이입니다. 아이1은 사랑받고 싶은 마음이 더욱 큰 아이이며, 아이2는 부모를 실망시켜 버림받을까에 대한 두려움이 더욱 큰 아이입니다. 보다 완벽주의 성향을 가진 것이죠. 매우 다르지만 둘 다 사랑스러운 우리 아이들입니다.
  여러분의 자녀는 어떤 쪽인가요? 아이의 성향이나 기질은 부모가 조금만 더 눈을 크게 뜨면 알 수 있답니다.

• 사례3
아이1 : 엄마에게 뭔가 요구하기 위해 "엄마" 부른다. 엄마가 자신
       을 쳐다보지 않고 "왜~"라고만 말하고 하던 일을 한다. 아

이는 "아뇨. 나중에"라고 말하고 그냥 방으로 돌아간다.

아이2 : 엄마가 일을 하고 있다. 엄마에게 요구할 게 생겼다. 엄마가 바빠 보인다. "엄마! 급히 말할게 있어요"라고 한다. 엄마가 아이를 본다. 아이는 엄마에게 요구사항을 말한다.

아이1은 부모의 반응에 매우 민감한 아이입니다. 일단 부모가 들을 준비가 되어 있지 않으면 자신의 의사나 감정을 잘 표현하지 않을 가능성이 높습니다. 많은 부모가 이런 아이를 순하고 배려심이 많다고 생각하죠. 이런 부모의 생각은 아이가 표현에 더 소극적이 되게 만듭니다. 이 경우 표출되지 못한 불안이나 욕구가 축적될 가능성이 있고 향후에 분노로 이어질 수도 있습니다.

따라서 이런 기질적 특성을 갖는 아이가 뭔가를 말하고 싶어 할 경우 부모가 더욱 신속하게 반응해줘야 합니다. 아이가 엄마를 부르면 매우 반색을 하며 쳐다봐주고 들어줘야 합니다. 그 즉시 반응해주지 못했을 경우 나중에라도 적극적으로 '이제 말해 보라'고 기회를 줘야 합니다. 즉, 아이가 말할 수 있는 멍석 또는 판을 깔아주는 것이지요.

아이2는 자신이 원하는 것을 충족하기 위해 엄마가 즉각 반응하도록 만드는 방법을 아는 아이예요. 막상 이야기를 들어보면 그렇게 '급히' 말할 사항은 아닌 경우가 많습니다. 애교도 많고 표현에 과장도 섞여 있을 수 있습니다. 부모가 더욱 반응하게 만드는 기질의 아이입니다. 아이1은 아이2의 이런 행동에 상대적으로 억울함을 느낄 수 있어요.

이렇게 부모가 두 아이의 다른 특성을 제대로 이해하면, 아이1에게는 보다 즉각 반응해서 표현을 독려하고 아이2에게는 조금 기다릴 줄 아는 태도를 길러줄 수 있을 것입니다.

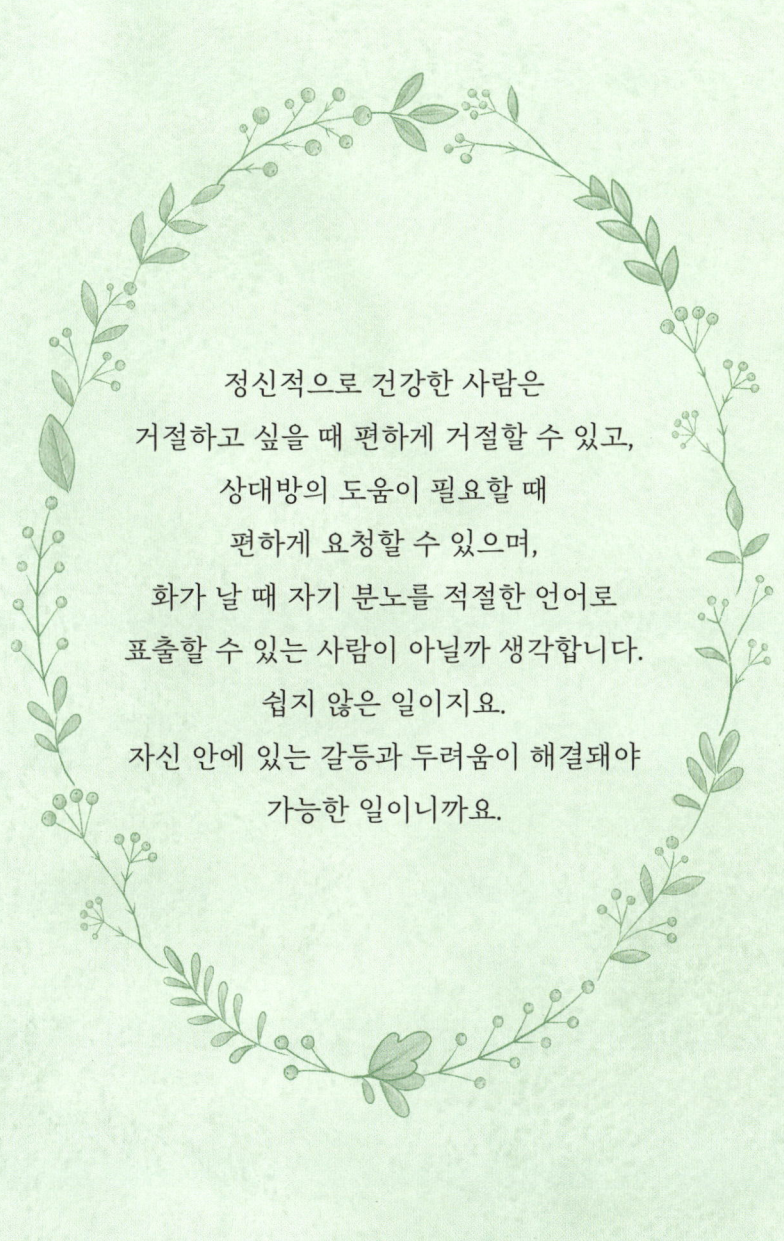

정신적으로 건강한 사람은
거절하고 싶을 때 편하게 거절할 수 있고,
상대방의 도움이 필요할 때
편하게 요청할 수 있으며,
화가 날 때 자기 분노를 적절한 언어로
표출할 수 있는 사람이 아닐까 생각합니다.
쉽지 않은 일이지요.
자신 안에 있는 갈등과 두려움이 해결돼야
가능한 일이니까요.

그릇이 큰 아이로 키우려면

똑똑한 아이로 키우는 것보다 따뜻하고 사랑스러운 아이로 키우는 것이 중요하다고 강조하면 부모들은 알게 모르게 저항합니다. 남보다 뛰어나야 무시당하지 않고 세상에 치이지 않을 거라고 생각하기 때문입니다. 인생이 지적 능력 하나로 결정되지 않는다는 것을 잘 알면서도, 어른들은 당장의 경쟁에서 이기는 데 급급합니다.

진짜 승리하는 아이는 지적 능력만 뛰어난 아이가 아닙니다. 평균 정도의 지능을 가지고서 자기 의견과 타인의 의견을 조율할 줄 알며, 안정적 정서와 사회적 상식과 담대한 용기를 지닌 아이가 궁극적으로 승리합니다. 이런 아이가 통찰력도 뛰어납니다. 안타깝게도 요즘에는 이렇게 그릇이 큰 아이를 쉽게 만나기가 어렵지만 말입니다.

아이의 그릇을 크게 만들어놓으면 때가 왔을 때 스스로 많이 담을 수 있습니다. 그릇 크기는 잠재력을 의미합니다. 즉 우리 부모들은 아이가 성장하면서 언제라도 기회를 만났을 때 폭발할 수 있는 잠재력을 키워줘야 합니다. 그렇다면 큰 그릇을 만들기 위해 부모가 할 수 있는 최소한의 역할은 무엇일까요?

첫째, 아이의 사소한 이야기를 존중하되 부모 스스로는 사소한 문제에 연연하지 마세요.

둘째, 아이의 좌절 감내력을 길러주며 아이가 자신의 느낌과 생각을 들여다보도록 훈련해주세요.

셋째, 타인을 배려하는 가치와 그 배려에 따른 만족감을 아이에게 일깨워주세요.

아이에게 무한한 신뢰를
보인다는 것

"아이를 믿으세요. 아이를 용서하세요."

진료 현장에서 제가 부모들에게 가장 많이 하는 말입니다.

많은 부모가 아이에게 관용을 베풀면 아이가 그것을 이용하거나 부모의 머리 꼭대기 위에 올라서지 않을까 걱정합니다. 그것은 아이를 못 믿는다는 뜻입니다. 바로 부모의 두려움 때문이지요.

그저 충분히 들어주기만 해도 자신이 알아서 문제를 해결하는 아이가 많습니다. 자기 문제를 표현함으로써 스스로 그 문제에 대해 정리할 기회를 얻고 해결의 동기부여까지 되기 때문이지요. 진짜 문제는 아이에게 생긴 문제를 부모가 모두 해결해줘야 한다는, 그것도 빨리 해결해줘야 한다는 강박과 조급증입니다. 아이가 스스로 해내지 못할 것이라는 부모의 불신을 먼저 해결해야 합니다.

둘째 아이는 어릴 때 숙제가 하기 싫으면 아직 잘 시간이 아닌데도 이불 속으로 파고들곤 했습니다. 언젠가 수학 문제를 풀기 싫다고 이불 속으로 쏙 들어가는 둘째 아이에게 엄마도 일하기 싫은데 같이 뒹굴뒹굴 놀자고 말하며 함께 누웠습니다. 아이가 끄응 소리를 내고 입도 쭈욱 내밀기에 "예쁜 우리 아가" 하면서 엉덩이를 토닥토닥 두드려주고 양볼에 쪽쪽쪽 뽀뽀해줬죠. 아이는 곧 기지개를 펴고 일어나 세수를 하더니 수학 숙제를 마쳤습니다.

"그래도 숙제는 하고 자야지"라고 아이를 일으켜 세우거나 "피곤하면 그냥 자라"라고 말하며 불을 끄고 나올 수도 있었겠지만, 그 순간에는 아기처럼 이불 속에 들어가 누워 있는 아이가 정말 예뻐 보였답니다. 그래서 아이의 얼굴에 뽀뽀 세례를 퍼부었는데, 그것만으로도 아이는 다시 공부할 에너지를 얻은 것 같았습니다.

아이에게 무한한 신뢰를 보낸다는 것은 아이가 하자는 대로 다 허용해주는 방임도 아니요, "너를 믿는다"라는 말뿐인 믿음도 아닙니다. '부모님이 나를 정말로 기쁘게 여기는구나', '내 존재만으로도 이렇게 부모님이 행복해하는구나'라고 느끼도록 아이를 흐뭇하게 바라봐주는 것입니다.

아이의 사랑 배터리를 충전하는 법

- 꼭 안아주기(이때 아이의 볼에 뽀뽀도 쪽 해주면 좋아요.)
- 사랑한다고 말해주기(부모가 얼마나 사랑하는지 아이가 알게 하는 것이 중요합니다.)
- 아이가 하는 말에 귀를 쫑긋하고 들어주기
- 아이가 무엇 때문에 힘들어하는지 정확히 알기

아이의 배터리는 부모로부터 충전됩니다. 아이는 언제든 사랑을 원하니 부모의 충전기가 늘 바쁠 수밖에 없지요.

그런데 규격이 안 맞을 때가 있습니다. 아이의 요구와 부모의 방법이 맞지 않을 때입니다. 이럴 때는 아이의 배터리를 충전해주고 싶어도 부모의 현재 충전기로는 잘 통하지 않지요. 아이가 방전된 자신의 배터리를 충전할 데라고는 부모밖에 없는데 말입니다. 어쩔 수 없이 부모의 충전기를 변형해서라도 아이의 배터리를 충전해줘야 합니다. 즉, 아이의 요구사항이 무엇인지를 잘 듣고 유연하게 반응해주어야 한다는 의미입니다. 부모가 기존 사고의 틀에서 벗어날 필요가 있다는 뜻입니다.

아이가 어디에서 부모의 사랑을 온전히 느끼고 다시 에너지를 채우는지 세심하게 관찰한다면 부모와 아이만의 고유한 맞춤식 충전법을 만드는 것은 그리 어렵지 않을 것입니다.

아이의 세상을 그대로 인정하기

(구운 식빵만 말 없이 우걱우걱 먹는 아들에게)

엄마 : 빵 속에 햄을 넣어서 먹으면 맛있을 텐데, 햄 좀 넣어줄까?

아들 : 제가 알아서 먹을게요.

엄마 : (당황하여) 그래.

엄마 : (화제를 전환해본다) 방학이 얼마 안 남았네. 다음 주가 벌써 개학이구나. 그렇지?

아들 : 아직 많이 남은 거예요. 엄마의 관점에서는 조금이겠지만.

엄마 : (당황하여) 어…. 그래…….

사춘기가 찾아온 큰아이와 아침 식사를 하다가 나눈 대화입니다. 대부분의 부모들이 사춘기에 진입한 자녀와 한 번쯤은 나눴을 법한 매우 흔한 부모와 자녀 사이 대화입니다.

'햄을 넣어 먹으면 맛있겠으니 넣어주겠다'는 말이 아이 입장에서는 간섭받는 것으로 느껴졌을 것입니다. '방학이 얼마 안 남았구나'라는 말도 방학이 끝나가니 개학 준비를 해야 한다는 부모의 압박으로 느꼈을 수 있습니다. 아마도 아이도 다 생각하고 있었을 것입니다. 부모가 이야기를 꺼낸 순간 자신의 의지가 아닌 부모가 시켜서 행한 것이 되므로 기분이 언짢아졌을 것입니다.

10대 청소년기 아이들은 부모가 자신의 자율성을 존중한다고 느낄 때 부모에게 마음을 엽니다. 자신의 선택에 대해 부모가 무비판적으로 대해줄 때 대화를 지속하길 원합니다. 그러다 보니, 부모의 작은 조언에도 '내가 알아서 할께' 또는 '내 생각은 다른데요?' 등의 말을 자주 합니다. 부모는 그런 표현에 아이가 반항한다고 느끼고 더욱 교정해주고 싶어 하죠. 그리고 대화가 단절됩니다.

아이가 자신의 의사를 명확히 표현하고, 독립적으로 사고하고 행동하려는 모습을 존중해줘야 합니다. 거기에서부터 아이와의 소통이 시작됩니다. 부모의 생각에 반항한다고 여기지 말고 오히려 반가워하세요. 아이가 이 세상에서 대화가 가장 즐거운 대상이 부모가 될 것입니다.

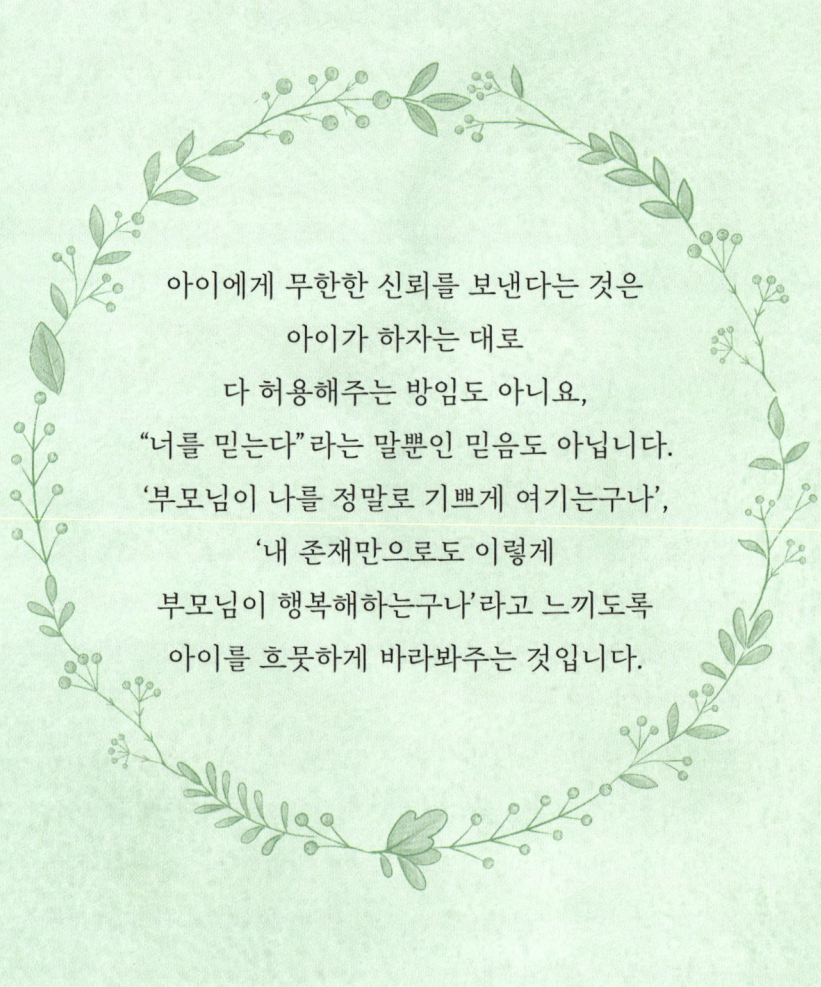

아이에게 무한한 신뢰를 보낸다는 것은
아이가 하자는 대로
다 허용해주는 방임도 아니요,
"너를 믿는다"라는 말뿐인 믿음도 아닙니다.
'부모님이 나를 정말로 기쁘게 여기는구나',
'내 존재만으로도 이렇게
부모님이 행복해하는구나'라고 느끼도록
아이를 흐뭇하게 바라봐주는 것입니다.

아이를 속박하지 않으려는 노력

아이들이 며칠간 캠프라도 떠나면 집이 텅 빈 듯 허전했습니다. 재미있냐고 문자를 몇 번 보내면 아이들이 이제 그만 보내라면서 자기 전에 전화하겠다고 합니다. 그러면 저는 그 말을 믿고 아이들의 전화를 기다렸습니다. 그런데 전화는 안 오기 일쑤였습니다. 의과대학 학생시절 엄마로부터 걸려온 전화에, "엄마, 저 바빠요. 나중에 전화할게요!"라고 짧게 말하고 늘 끊기 바빴던 제 모습이 떠올랐습니다. 섭섭해하시던 어머니의 음성도 함께 말입니다.

저도 솔직히 아이들이 전화를 하지 않았을 때 섭섭했습니다. 그래도 아이들이 성장하면서 엄마와 떨어져 스스로 활동하는 것을 목격하는 일은 큰 행복이겠지요. 아이가 독립적으로 무언가를 하는 순간을 서운해하지 말고 뿌듯하고 기특하게 여기세요. 부모가 자녀를 양육하는 궁극적인 목표는 자녀를 건강하게 독립시키기 위함이니까요.

사소한 차이를 감지했을 때

 사람의 관계가 멀어지는 것은 사소한 차이를 별것 아니라고 자기 마음대로 이해하기 때문입니다. 그러다 그 간극이 더욱 벌어져 좁힐 수 없는 지경에 이르렀을 때 실망하고 분노하다가 결국 멀어지는 것이지요. 사소한 차이를 감지했을 때 미리 마음의 준비를 해두면 큰 실망은 막을 수 있습니다.
 차이는 인정하는 것이지, 바꿔야 하는 것이 아닙니다. 하지만 엄마들은 아이의 사소한 결점마저 완벽하게 보완하려 하고, 무뚝뚝한 성격의 남편을 자상하게 만들려 하지요. 왜 상대방을 자꾸 바꾸려 할까요? 변할 수 없는 부분에 변화를 강요하면 문제가 생깁니다. 누구든 자신의 근원적인 지점에 대해 변화를 종용받으면 자존감에 상처를 입기 때문이지요.
 타인의 생각을 바꾸는 방법 중 가장 좋은 것은 바꾸려고 애쓰지 않는 것입니다. 자기 생각을 바꿀 만큼 유연한 사람은 그리 애쓰지 않아도 알아서 바꿀 것이며, 사고가 경직된 사람은 바꿔주려고 애써봤자 오히려 갈등만 커질 테니까요.

아이를 부모가 가진 틀에 맞추려 하지 말고, 있는 그대로 바라봐주세요. 별 모양의 아이를 동그라미로 만들려 할 때 문제가 발생하고 갈등이 생깁니다. 그런데도 자꾸 바꾸려 하다 보면 결국 별 모양은 형체를 알 수 없는 모양이 되거나 우그러져버리고 말 것입니다. 내 아이가 어떤 모양인지 정확하게 아는 것이 우선입니다. 그리고 부모는 그저 아이가 생긴 모양에 맞는 틀만 제공해주려 노력하면 됩니다. 세모 모양에는 세모 모양의 틀을, 별 모양에는 별 모양의 틀을 말이지요. 별은 별 모양의 틀에서 비로소 빛을 발하지 않겠습니까?

아이는 생긴 그 자체의 모습만으로도 빛난다는 것을 인정해주세요. 아이와의 일상이 분명 달라질 겁니다.

아이는 대단한 것을 바라지 않는다

아이들과 기차에 몸을 싣고 경주로 향하는 길이었습니다. 기차 안에서 당일치기 여행으로 경주에서 반나절을 어떻게 보낼지 관광 계획을 신나게 세우는데, 둘째 아이가 하는 말.

"엄마, 나는 기차를 타고 경주까지 갔다가 아무것도 안 하고 바로 서울로 돌아온다고 해도 그냥 즐거울 것 같아."

순간 머리를 세게 맞은 듯 멍했지요. 아이는 엄마와 함께 있다면, 그리 특별한 활동을 하지 않아도(예컨대, 그저 기차 타고 왕복하는 것만으로도) 행복감을 느낀다는 것을 깨달았지요. 마음이 짠하고 미안해졌습니다.

그렇습니다. 아이들이 원하는 것은 생각보다 대단한 것들이 아닙니다.

엄마가 바라는 것은
오직 네 행복뿐이야

"아이에게 딱히 바라는 것은 없어요. 그저 평범하게 문제를 안 일으키고, 공부도 중간 정도만 하고, 기본만 하라는데 그걸 안 하네요."

부모들이 많이 하는 말입니다. 기본을 갖추고 평범하게 지낸 다는 것이 그리 쉬운 일은 아니지요. 아이에게 바라는 것이 없다고 하지 말고, "바라는 것은 오직 네 행복뿐이야. 네 존재 자체가 엄마(아빠)에게는 큰 기쁨이다"라고 말을 바꿔보세요.

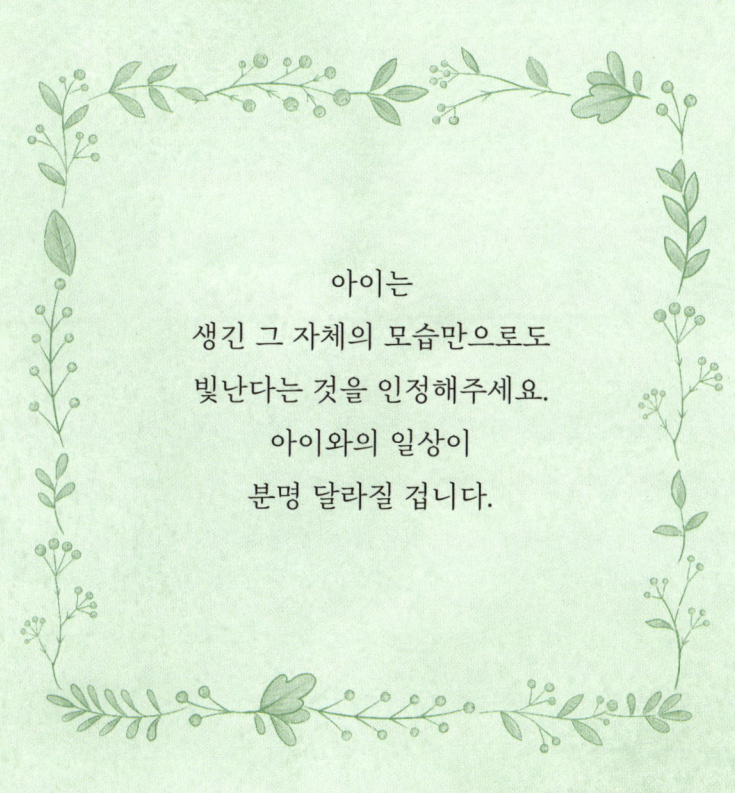

아이는
생긴 그 자체의 모습만으로도
빛난다는 것을 인정해주세요.
아이와의 일상이
분명 달라질 겁니다.

따뜻함과 엄격함을 함께 갖춘 부모

현재 나와 아이의 관계를 이해하기 위해서는 나와 내 부모의 관계를 들여다보는 것이 도움이 될 수 있습니다. 허용적인 부모 밑에서 자란 성인은 같은 방식으로 아이를 키우게 되기 쉽고, 권위적인 부모 밑에서 자란 성인은 과도하게 허용적이거나 부모와 같이 권위적인 방식으로 아이를 대합니다. 민주적인 부모 밑에서 자란 성인은 자녀도 민주적인 방식으로 양육합니다.

"아이의 입장에서 이해해보세요"라고 말하면 부모들은 "어찌 아이가 해달라는 대로 다 해줄 수 있나요?"라며 반문합니다. 맞습니다. 다 허용하라는 이야기가 아닙니다. 마냥 허용적인 부모의 태도는 오히려 아이를 망칩니다. 아이의 심정을 이해하되 가정 내에 명확한 규칙이 있고, 행동에도 책임이 따르게 해야 하며, 결정권은 부모가 가져야 합니다.

부모는 엄격함과 무서움, 민주적인 양육과 무조건적인 허용을 혼동해서는 안 됩니다. 엄격함은 감정의 절제와 가정 내 규칙을, 민주적인 양육은 공감과 관용을 내포하지요. 공포 양육은 눈치 보는 아이, 우울하고 위축된 아이를 만듭니다.

민주적 부모는 자녀와 함께 합리적인 규칙을 정하고 그 규칙을 일관적으로 적용합니다. 이 과정에서 아이를 협박하거나 두렵게 만들지 않습니다. 아이의 사소한 실수에 대해서 관용을 베풀고 공감적 태도를 취하지만, 아이의 선을 넘는 행동에 대해서는 단호하게 절제시킵니다. 아이에게 엄격하지만 힘으로 아이를 제압하려 하지 않고, 아이에게 관대하지만 무절제하지 않는 양육태도를 말합니다. 가장 바람직한 양육방식이라고 할 수 있습니다.

권위적 부모는 아이의 실수에 대해 공감이나 관용 없이 힘으로 아이를 제압하고 다스리는 유형입니다. 이런 부모의 자녀는 늘 두렵고 위축되어 있으며 불안합니다. 부모 앞에서는 순종적으로 보이나 성장하면서 부모에 대해 분노와 반항심을 갖게 됩니다.

허용적 부모는 아이에게 안 된다는 말을 거의 하지 않습니다. 일정하게 적용하는 규칙도 없습니다. 언뜻 보면 관대한 것 같지만 실은 방임에 가깝습니다. 자녀가 무엇을 해도 되고, 무엇을 하면 안 되는지 혼란스럽게 만듭니다. 자녀는 절제력을 배우지 못하고 무분별한 행동을 하게 될 수 있습니다.

즉, 허용적인 양육은 자기 절제력이 부족한 아이로 만들 수 있지요. 민주적인 부모의 아이는 자기 마음을 편히 표현하고 도움을 요청합니다. 따뜻하면서도 원칙과 규칙이 있는 부모가 되어야 하는 이유입니다.

아빠의 역할은 매우 중요하다

　20여 년 전 소아정신과 진료할 당시만 해도 아빠가 아이와 함께 병원에 오는 경우는 드물었습니다. 요즘은 부모가 함께 오는 경우도 흔해졌고, 엄마 대신 아빠가 아이를 데려오는 경우도 적지 않습니다. 이렇게 부모가 함께 오는 아이는 엄마 혼자 고군분투하는 아이에 비해 호전 속도가 매우 빠릅니다.

　여전히 남편이 양육과 아이 상담에 무관심하고 회피한다고 속상해하는 엄마들이 계십니다. 이런 경우 저는 엄마들에게 집에 가서 남편에게 이렇게 이야기해보라고 제안합니다.

　"여보, 내가 아이를 위해 열심히 한다고 해도 한계가 있어. 당신의 도움이 절실해. 지난번 내가 설거지하는 동안 당신이 ○○이랑 보드게임하면서 놀아주는 모습이 너무 보기 좋았어요. 아이도 엄청 재밌었는지, 계속 이야기하더라고. 그런 모습 보면 나도 힘이 나요."

아빠의 역할과 도움이 얼마나 필요하고 중요한 것인지를 격려 방식으로 각인시켜보세요. 아빠들 중에는 양육에 끼어들고 싶어도 어떤 방식으로 도움을 줘야 하는지를 모르는 경우가 꽤 있습니다. 아이는 부모가 함께 양육해야 합니다.

양육의 세 가지 기본 원칙

이제 부모가 아기를 양육할 때 가장 중요하면서도 기본적인 삼총사를 소개합니다. 아기가 울 때 신속하게 안아서 달래주는 '반응성', 무엇 때문에 우는지 정확히 알고 해결해주는 '민감성', 언제나 한결같이 아기가 부모의 반응을 예측하게 하는 '일관성'이 바로 그것입니다.

아이의 신호에 신속하게 '반응하지 못하는' 부모는 아이가 부모에게 신호 보내기를 포기하게 만듭니다. 자신이 원하는 신호를 잘못 이해하고 엉뚱한 반응을 보이는 '둔감한' 부모의 아이는 답답함과 좌절감을 자주 느낍니다.

자신의 기분에 따라 이랬다저랬다 '비일관적인' 태도를 보이는 부모는 자녀가 부모 앞에서 어떤 행동을 해야 옳은지 아닌지 혼란스럽게 만듭니다. 아이가 자라면서 대인 관계에서 안정적인 신뢰감을 형성하기 어렵게 됩니다. 정서적으로도 불안하고 성인기에 중요한 가치 판단이 흐려지게 될 수 있습니다. 따라서 '반응성', '민감성', '일관성' 중 가장 중요한 양육태도는 '일관성'이라고 강조하고 싶습니다.

아빠와 엄마, 할머니와 엄마, 엄마와 베이비시터 등 양육자들 사이에서 양육 지침이 일관되지 않은 경우가 종종 생깁니다. 가정 안에서 어른들은 아이가 보지 않을 때 늘 토론하여 일관된 방침을 정하고, 한목소리를 내야 합니다. 아이는 어른들의 불일치에 대해 상당히 혼란스러워합니다. 아이들의 문제는 바로 그 불일치의 틈에서부터 야기됩니다.

분명한 원칙이 있어서 예측 가능한 부모는 자식의 신뢰를 기반으로 나름의 권위를 지니게 되지만, 기분에 따라 원칙을 일관성 없이 자주 바꾸는 부모는 자식의 불신을 사고 결국에는 부모의 권위를 무시당하고 맙니다. 부모가 자신의 기분을 잘 조절할 수 있어야 부모다움에 대한 권위와 신뢰감을 줄 수 있습니다.

부모가 해야 할 일 vs 하지 말아야 할 일

• **부모부터 행복하세요**

아이는 늘 행복해하는 부모의 모습을 보는 것만으로도 안정된 느낌을 받습니다. 더 넓은 바깥세상을 탐색하는 데 주저하지 않는 아이로 자라지요. 부모를 걱정하는 아이로 만들지 마세요. 아이에게 위안받는 부모가 되어서는 안 됩니다.

• **아이에게 하소연하지 마세요**

아이 앞에서 하소연하지 마세요. 엄마들이 보통 아이에게 시부모나 남편이나 일에 대한 하소연을 하는데, 좋지 않습니다. 스스로 해결해야 합니다. 아이는 엄마를 위로하면서 자신의 불안과 의존 욕구를 숨기는 애어른으로 커버립니다. 그러다가 진짜 성인이 된 후 어느 시기에 퇴행해버릴 수 있습니다.

- **아이에게 바라는 모습은 부모부터 몸소 보여주세요**

아이를 앞에 앉혀놓고 훈계만 하기보다는 부모가 몸소 보여주는 것이 중요합니다. 부모가 따뜻하게 대화하는 모습, 서로 베푸는 모습, 영화 속 불쌍한 주인공을 보며 눈물짓는 모습, 좋은 음악에 감탄하는 모습, 스포츠에 열광하는 모습……. 이런 부모의 행동과 표정을 아이는 다 흡수합니다.

- **아이에게만큼은 다정하고 민감하게 일관된 태도를 보여주세요**

무뚝뚝하고, 둔감하며, 불안해서 이랬다저랬다 하는 부모는 아이에게 좋지 않습니다. 특히 어린 시절에 가장 밀접한 엄마가 그렇다면 더욱 심각하지요. "내가 본래 그런 것을 어째요"라고 하는 부모도 있지만, 그런 부모에게서 자녀가 받는 영향은 메가톤급입니다. 본래 성격이 그렇지 않더라도 아이에게만큼은 다정다감하고, 민감해지고, 일관된 태도를 취하려는 노력이 부단히 필요합니다.

- **과잉보호하지 마세요**

과잉보호의 문제점은 아이가 좌절하는 상황에서 오히려 불안과 두려움을 키운다는 것입니다. 부모의 '지지support'는 어떤 실수나 잘못, 실패나 좌절에도 오뚝이처럼 일어설 수 있는 힘을 아이에게 줍니다. 하지만 '지지'를 자칫 '과잉보호'로 착각하여 좌절과 시련을 못 견디는 아이가 되도록 만들어서는 안 됩니다.

예를 들어, 아이가 옷을 고르고 학용품을 고를 때 아이의 선택을 존중하는 부모는 지지하는 부모입니다. 일일이 아이의 옷과 학용품을 골라주는 부모는 과잉보호하는 부모입니다. 과잉보호하는 부모는 지나치게 간섭하여 아이의 자율적 선택을 방해합니다.

만들기 과제를 하는 자녀에게 비록 서툴더라도 스스로 해내게 하고 옆에서 지켜보며 아이가 만드는 과정의 노력을 인정해주는 부모는 지지하는 부모입니다. 반면, 자녀의 과제를 처음부터 끝까지 다 해주는 부모는 과잉보호하는 부모입니다. 이런 부모는 아이가 스스로 해낼 수 있다는 믿음이 부족하고 걱정이 많습니다. 실은 부모의 과도한 불안감으로 인해 아이를 통제하고 의존적으로 만드는 것입니다.

- **아이의 쿠션이 되어주세요**

쿠션이 되어달라는 것, 즉 완충 역할을 해달라는 것은 아이가 날린 공격의 펀치를 그대로 맞고 있으라는 의미가 아닙니다. 아이의 공격은 방법이 다양해서 과격한 행동으로 표출될 수도 있고, 과도한 요구로 나타날 수도 있습니다. 아이가 공격한다는 것은 본인이 구석에 몰린 채 도망갈 곳이 없어서 이러지도 저러지도 못하는 극심한 불안에서 기인하는 것입니다. 부모가 아이의 불안과 공격에 대해 무조건 맞받아치지 않는 것이 중요합니다. 두려움과 불안에서 기인한 공격적인 태도에 대해서는 부모가 차분하게 그 내면의 불안을 이해하고 포용해주세요. 그러면 아이는 빠르게 진정되고 누그러집니다. 아이가 특별한 이유 없이 울면서 짜증내는 경우 아이를 포옥 안아주면서 토닥여주세요.

반면, 자신이 원하는 것을 얻기 위해 일부러 강하게 떼를 쓰거나 공격적인 행동을 하는 경우에는 단호하게 대처할 필요가 있습니다. 부모를 향해 물건을 던지거나 때릴 경우, 자신을 해하는 행동을 하는 아이가 있습니다. 이때 부모는 이렇게 말해주세요. "○○이가 화가 난 것 같구나. 뜻대로 안되면 그럴 수 있어. 이해해"라고 먼저 화난 감정을 공감해주세요. 이후 "그렇지만 화가 났다고 해서 사람이 다칠 수 있는 행동을 해서는 절대 안 되는 거야. 이러면 네가 원하는 것을 오히려 얻을 수 없어"라고 침착하면서도 단호하게 말해보세요. 그것이 쿠션이 되어주는 방법입니다.

Part 2

긍정 육아의 첫 번째 원칙
: 반응성

"아이의 신호에
민감하게 공감하는 법"

부모는 아이의 신호에 민감해야 합니다.
에둘러 표현하는 아이의 속마음을
부모가 알아채야 합니다.
문제가 발생한 후 대처하는 것보다
문제가 발생하기 전에 아이가 보내는
초기의 작은 신호 하나하나를 놓치지 않고
그 즉시 민첩하고 민감하게 반응하여
예방하는 것이 중요합니다.

아이만의 발달 시간표를
따를 것

　아이들에게는 각자 자신만의 발달 시간표가 정해져 있습니다. 부모는 그것을 정확히 알 필요가 있습니다. 다른 아이들의 발달 단계를 좇아서 아이의 발달 시간을 억지로 앞당기려 하거나 다른 과제를 중간에 억지로 끼워 넣으려 한다면 아이는 예정된 시간표조차 이수하지 못합니다. 그것이 평생 아이의 발목을 잡게 될지도 모르는 일입니다.

　쌍둥이일지라도 마찬가지입니다. 쌍둥이는 각각의 개체이지 세트가 아닙니다. 쌍둥이를 세트로 키우는 경우가 간혹 있는데 각각의 발달 상태와 기질적 특성을 조기에 파악해서 그에 맞게 따로 대처해야 합니다. 쌍둥이는 언뜻 보면 둘이 잘 노는 듯 보여서 혹시 한쪽에 문제가 있어도 간과하기 쉽습니다. 특히, 말이 늦거나 인지가 떨어지는 아이가 말을 잘하고 야무진 아이에게 묻혀버리기 쉽지요. 소심하고 내성적인 아이가 외향적이고 주도적인 아이에게 묻히기 쉽습니다. 쌍둥이나 연년생 자녀의 경우 아이들의 기질의 차이를 잘 파악하려 노력하세요. 세트 육아가 아닌 맞춤식 육아를 하시기 바랍니다.

있는 그대로의 모습을 인정하기

　부모는 내 아이의 발달단계에 따라 정서, 인지, 사회성의 발달 수준을 고려하여 양육해야 합니다. 또래 아이들이 받는 일반적 교육이라도 내 아이에게 똑같이 해줘야 할 이유는 없습니다. 아이마다 발달의 속도와 경로가 조금씩 다르기 때문이죠. 부모도 아이도 지치지 않으려면 아이에게 맞추어 조율하는 융통성 있는 양육이 필요합니다.

　아이의 행동을 쉽게 이해하지 못할 경우 보통의 부모는 서점으로 달려가서 육아서를 찾습니다. 책을 읽고 다양한 아이의 행동 유형을 공부하는 것도 물론 도움이 되겠지만 아이의 특정 행동을 하나하나 너무 예민하게 받아들여 불안해하는 것은 오히려 좋지 않습니다.

　말을 더듬는 아이의 부모가 이렇게 얘기한 일이 있습니다.

"너무 답답해서 아이를 다그치게 돼요. 그러다 보니 아이가 말을 더 안 하네요. 속이 터집니다."

그러고는 땅이 꺼져라 한숨을 쉬었지요. 부모가 조급한 데다가 아이의 기질을 제대로 이해하지 못한 것이 문제였습니다. 아이의 마음은 얼마나 답답할까요?

이 악순환의 고리를 깨야 하는 쪽은 결국 부모입니다.

우선 사람은 모두 제각각 다르다는 사실을 이해해주세요. 이런 이해의 부족이 타인과의 비교를 만들고 불필요한 열등감을 부추기게 되는 것입니다. 다른 집의 아이나 형제와 비교하며 질책하기보다는 내 아이의 특성을 파악하는 것이 매우 중요합니다. 그래야 내 아이에게 딱 맞는 맞춤형 양육이 가능합니다.

지루함을 견디기 힘들어하는 아이에게 한 시간씩 꼼짝 말고 공부하라는 것, 반복된 연산 학습지를 시키는 것은 고문입니다. 이런 아이에게는 공부하는 중간 중간에 적당한 휴식 시간을 자주 줘야 합니다. 학교 입학 전 만 5-6세 정도의 유아들은 최소 20분 정도를 앉아 뭔가에 집중할 수 있어야 합니다. 단 5분도 앉아 있지 못하고 딴 짓을 하는 아이라면 부모가 맞은편에 앉아 다른 일을 하며 있어보세요. 아이의 집중시간이 조금 길어질 겁니다. 아이들이 주의가 분산되는 가장 큰 이유는 학습에 뭔가 막히는 게 생겼을 때입니다. 그때 엄마가 걸림돌을 치워주듯 막히는 것을 해결해주면 아이는 일어나지 않고 지속적으로 집중할 수 있습니다.

초등학교 저학년이라면 최소 40분 정도는 과제에 집중할 수 있습니다. 이제 초등학생이니 혼자 학습지 다섯 장 풀고 나와 검사 맡으라고 지시하는 것보다, "풀다가 어려운 문제가 있으면 도와줄 테니 언제든 물어 보렴"이라며 아이 부근에서 책을 보고 있다면 아이는 좀 더 집중할 수 있습니다.

있는 그대로 아이의 모습을 존중하고 그에 맞는 양육 방식을 찾아보세요. 부모가 기대하는 바람직한 아이의 모습에 자녀를 맞추려 하지 마시고, 나의 아이를 끊임없이 관찰하고 연구하세요. 부모가 아이와 조율할 수 있는 가장 쉽고 빠른 길입니다.

아이를 향한 조급함을 버려야 합니다. 아이가 자신만의 속도로 열심히 세상을 알아가는 모습을 응원해주세요. 우리 부모는 그저 아이들의 뒤를 따라가는 것으로 만족해야 합니다.

아이의 성장을 위한 최고의 방법

아기가 돌이 되기 전까지 엄마는 심신이 평안해야 합니다. 엄마의 피부 촉감, 심장박동, 체온 등을 아기가 몸으로 느끼기 때문이지요.

세 돌이 될 때까지는 엄마에게 힘이 넘쳐야 해요. 옹알이에 대꾸해주며 신나게 놀아줘야 하거든요. 적어도 아기가 세 돌이 될 때까지는 엄마와 부비부비하면서 쪽쪽 물고 빨고, 눈을 맞추며 신나게 노는 것이 두뇌 발달의 기초 공사를 튼튼히 하는 방법입니다.

정서와 사회성을 기르는 데는 물론이고 언어 발달과 인지 촉진에도 놀이가 으뜸입니다. 부모와 아기가 서로 눈빛을 교환하며 함께 까르르 웃고, 아기의 언어 톤 그대로 끊임없이 말을 주고받으며 노는(이를 '패런티즈 parentese'라고 합니다), 일명 '서로 놀기'가 가장 좋습니다.

부모들은 아이와 놀아주고 시간을 많이 보내줘야 한다고 하면 비싼 장난감을 사주고, 근사한 놀이터나 잘 꾸며진 문화센터에서 아이가 놀게 하는 것을 먼저 떠올립니다. 물론 그런 것도 때때로 필요하겠지만, 아이와 부모가 '어떻게' 놀면서 소통하는지가 훨씬 중요합니다.

어린이집에는 언제부터 보내야 할까?

아이를 어린이집에 보내기 적절한 시기는 엄마와 아이의 애착 형성 정도, 그리고 아이의 기질에 따라 다릅니다. 엄마와의 애착 형성이 완전하지 않은 상태에서 아이가 어린이집 같은 또래 관계에 너무 일찍 노출되면 불안이 증가되어 뇌의 균형적인 발달에 나쁜 영향을 줍니다. 오히려 언어 발달이 늦어지거나 불안정한 아이로 성장할 수 있는 것이지요. 엄마와 떨어져 있는 시간이 긴 종일반은 특히 문제를 일으킵니다.

생후 36개월, 즉 만 3세 이전의 아이는 엄마와의 분리를 슬픔이 아닌 생존에 대한 공포로 받아들입니다. 잘 적응하는 듯 보여도 사실 불안합니다. 뇌가 그렇게 되어 있어서 아이도 어쩔 수가 없거든요.

아이는 만 3세가 되어야 비로소 엄마가 눈에 보이지 않아도 곧 다시 나타날 것이라는 믿음을 가지게 됩니다. 이별을 한 후 엄마가 돌아올 것을 믿고 공포를 느끼지 않을 최소 나이가 만 3세라는 것입니다. 아이가 '대상 항상성'을 확립하는 시기이지요. 그러니 두 돌쯤 되어도 엄마가 화장실에만 가도, 잠시 자기 시야에서 벗어나기만 해도 아이는 엄마를 찾으며 따라다니고, 울며 불안해하는 것입니다.

눈에 안 보이면 버려지는 것인 줄 아니까요. 이별 후 엄마와 즉각 재회하면 아이의 뇌에 생겨난 상처가 회복되지만, 엄마와의 이별이 길어지면 상처는 결국 흉터로 새겨집니다.

물론 아이의 타고난 기질도 매우 중요합니다. 만 3세 이전에 어린이집에 가고 엄마와 분리된다고 해서 모든 아이가 큰 영향을 받는 것은 아니니까요. 그러나 불안이 심하고 예민하며 적응력이 낮은 '까다로운' 기질의 아이라면 불안을 넘어서 생존에 대한 공포를 느끼기 때문이라고 생각해주세요.

맞벌이를 하거나 동생이 태어나는 등 어쩔 수 없는 경우라면 선생님 1명당 돌보는 아이 수가 5~10명 이내로 적은 곳이 좋습니다. 종일반보다는 반일반으로 보내는 것이 차선책이지요. 양육자가 꼭 엄마일 필요는 없지만, 적어도 아이가 두 돌이 될 때까지만이라도 한 명의 주 양육자가 일대일로 돌봐줄 필요가 있습니다.

※ 부모들이 어린 영유아 자녀를 맡길 육아 도우미를 선택할 때 아래 사항을 고려해 선택하면 좋습니다.

- 살림을 잘하는 것보다 아이를 좋아하고 돌봄 경험이 많은 분
- 성격이 밝고 말이 적당히 많은 분
- 아기의 옹알이와 말을 잘 따라하고 화답하는 분
- 너무 느리지 않되 조급하지 않은 분
- 지나치게 깔끔하지 않은 분
- 건강과 체력이 양호한 분

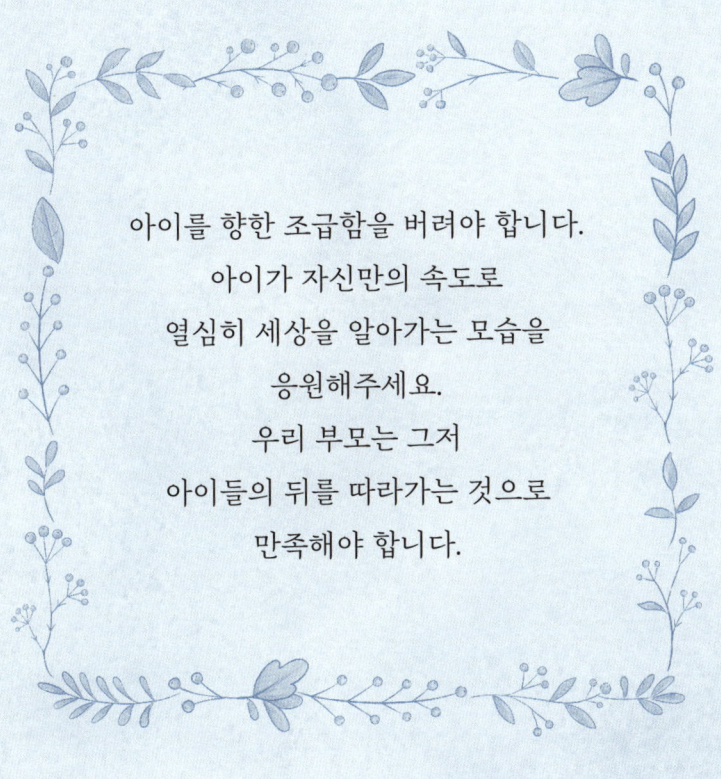

아이를 향한 조급함을 버려야 합니다.
아이가 자신만의 속도로
열심히 세상을 알아가는 모습을
응원해주세요.
우리 부모는 그저
아이들의 뒤를 따라가는 것으로
만족해야 합니다.

아이가 보내는 신호에 민감해지기

둘째 아이가 아장아장 걸음마를 하며 말을 조금씩 배울 때였습니다.

오랜만에 친척들이 다 모여서 담소를 나누고 있었지요. 그때 둘째 아이가 아빠의 무릎에 엉덩이를 쏙 들이대며 "나는 아빠 아들!" 하는 거예요.

다들 영문을 몰라서 고개를 갸웃하는 순간, 바로 뒤이어 들리는 말.

"형은 엄마 아들!"

다른 친척들은 어린아이의 당돌한(?) 말솜씨에 그저 재미있어했지만 엄마인 제 마음은 철렁했습니다. 둘째 아이가 어리니 아무래도 함께 보내는 시간이 더 많았는데도 제가 큰아이에게 쏟는 정을 그 어린아이가 느꼈나 봅니다. 첫아이라서 그런지 큰 아이에게 애틋한 마음이 있었거든요.

엄마에게서는 1등이 될 수 없다는 것을 본능적으로 느낀 둘째 아이는 그나마 1등을 할 틈이 보이는 아빠에게 간 것이지요. "형은 엄마 아들"이라는 말은 '나는 지금 엄마의 사랑을 충분히 느끼고 있지 못하다'라고 둘째 아이가 제게 보내는 신호였습니다.

부모는 아이의 신호에 민감해야 합니다. 에둘러 표현하는 아이의 속마음을 부모가 알아채야 합니다. 문제가 발생한 후 대처하는 것보다 문제가 발생하기 전에 아이가 보내는 초기의 작은 신호 하나하나를 놓치지 않고, 그 즉시 민첩하고 민감하게 반응하여 예방하는 것이 중요합니다.

작은 구멍은 메우기 쉽지만, 구멍이 걷잡을 수 없게 커지면 간단히 메울 도리가 없는 것처럼 아이의 마음도 마찬가지입니다. 미세한 균열이 보일 때 이를 빨리 눈치채어 그때그때 메워주려고 노력하는 부모라면, 마음이 튼튼하고 스트레스에도 쉽게 흔들리지 않으며 성장하는 아이의 모습을 기대해도 좋습니다.

엄마한테는 네가 1번이야

평소에 워낙 바쁜 엄마였기 때문에 어린 두 아들의 응급 콜에는 만사를 제쳐두고 달려가려고 했습니다. 하루는 저녁 회의 도중에 둘째 아이의 '응급 콜'을 받았습니다. 저는 부랴부랴 집으로 향했지요. 다음 날 학교에 가져갈 만들기 과제 준비물을 파는 곳이 없어 걱정을 했던 것이었습니다. 다행히 벽장 구석에서 예전에 사둔 재료들(큰 색지와 포스터물감)을 발견하여 문제가 해결됐습니다. 비로소 안도하며 농담을 섞어 이렇게 말했습니다.

"엄마가 지난 한 주간 하도 물을 안 줘서 꽃들이 시들어버릴까 봐 얼마나 걱정했는데…."

한 걸음에 달려온 엄마의 마음을 아는지 모르는지, 오히려 아이가 담담하게 받아칩니다.

"꽃이 우리예요? 물을 너무 많이 줘도 썩는데. 가끔씩 줘야지."

아이의 얼굴에 왠지 모를 뿌듯한 표정이 가득했습니다.

자신이 사랑받고 있다는 믿음이 견고해야 아이의 마음에도 여유가 생깁니다. 자신이 보내는 신호에 민첩하고 따뜻하게 반응하는 부모의 모습에 아이는 안심합니다.

아이의 관계 욕구를 채워줄 것

관계 욕구, 즉 다른 사람과 무엇을 함께하고자 하는 욕구는 다른 어떤 것이 주는 기쁨보다 훨씬 큽니다. 사랑하는 사람과 공유하지 못한다면 아무리 즐거운 일이라도 무의미해지는 존재가 인간입니다. 그들이 바로 우리이고, 우리 자녀들이지요.

폭식, 알코올 중독, 게임 중독, 마약 중독 등은 관계 욕구에서 충족되지 못한 결핍을 채우려는 시도일 수 있습니다. 아이는 부모의 사랑을 듬뿍 받으면 외부의 어떤 강렬한 자극에도 흔들리지 않습니다. 설사 흔들려도 금세 바로 설 수 있습니다. 뿌리가 튼튼하니까요.

아이들이 어릴 때 이따금 저녁에 외식을 하곤 했습니다. 그런 날에는 식사 내내 온갖 이야기꽃을 피우며 신나게 떠들었지요. 아이들의 사소한 말 한마디에도 신기한 눈빛으로 감탄사와 관심의 질문을 연발하면서 엄마의 사랑이 아이들에게 전해지도록 최대한 노력했습니다.

어느 하루가 유독 기억에 남습니다. 둘째 아이가 학교를 대표하는 축구선수로 뽑혔다며 세 시간 동안 체력 테스트를 받은 이야기를 자랑했지요. 그날도 그렇게 즐거운 이야기꽃을 피우다가 집으로 돌아왔습니다. 그런데 제가 옷을 갈아입으러 안방으로 들어가려 하자 둘째 아이가 제 옷자락을 붙잡았습니다.

"엄마, 내 방에 누워서 조금만 더 얘기하다 가면 안 돼요?"

아이들은 그렇습니다. 부모는 이만하면 충분히 들어주고 반응해줬다고 스스로 위안하지만, 사랑받고 싶은 아이들의 갈망과 욕구는 마르지 않는 샘과 같지요.

둘째 아이가 제 표정을 살피더니 "알았어. 또 일해야 되는구나?"라고 체념하며 말합니다. 그래서 얼른 대답해줬지요.

"아니, 엄마는 오늘 네 거야."

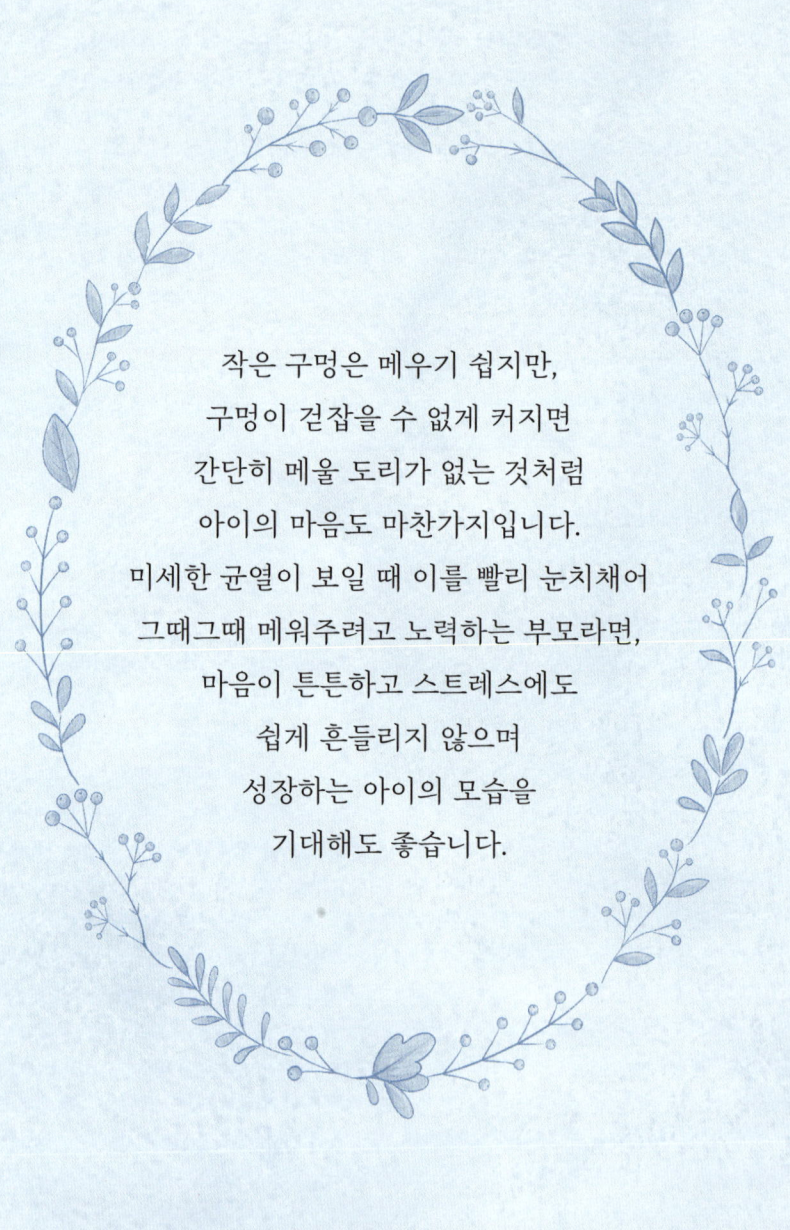

작은 구멍은 메우기 쉽지만,
구멍이 걷잡을 수 없게 커지면
간단히 메울 도리가 없는 것처럼
아이의 마음도 마찬가지입니다.
미세한 균열이 보일 때 이를 빨리 눈치채어
그때그때 메워주려고 노력하는 부모라면,
마음이 튼튼하고 스트레스에도
쉽게 흔들리지 않으며
성장하는 아이의 모습을
기대해도 좋습니다.

아이가 웃으면 같이 웃기

자녀와 눈높이를 맞추어 공감하는 가장 기본적 방법은 아이가 '먼저' 얘기하도록 격려해주는 것입니다. 그 이야기에 귀를 기울인 후 "아하, 그랬구나! 엄마라도 그랬을 거야" 하면서 눈을 맞추고 고개를 끄덕여주는 것입니다. 아이가 얼굴을 찡그리면 같이 찡그려주고 아이가 웃으면 같이 웃어주는 것입니다. 이렇게 부모가 공감해주면 아이의 자존감은 높이높이 수직으로 상승합니다.

어떤 고민도 한심하지 않다

 아이들이 고민하는 지점은 아이마다 다릅니다. 어른의 입장에서 보면 더더욱 다르지요. 진실은 하나입니다. 무시해도 되거나 한심한 고민은 단 하나도 없다는 것이지요. 고민의 내용이 참으로 이해되지 않을지라도 아이가 그로 인해 고통받고 있음을 반드시 알아줘야 합니다.
 "아, 그게 고민이 되는구나. 충분히 그럴 수 있어"라는 말과 함께 말이죠.
 부모의 이해는 거기에서 멈춰서는 안 됩니다. 아이의 고민을 부모가 직접 해결해주라는 이야기가 아닙니다. 아이로 하여금 고민을 넘어설 수 있는 힘을 키워주라는 뜻입니다. 아이는 공감받을 때 고민을 해결할 힘을 얻습니다. 가끔 아이들은 사소한 걸림돌이 사소하다는 것을 모른 채 마치 높은 장벽을 만난 것처럼 태산 같은 걱정을 하기도 합니다. 그런 아이를 한심하다며 몰아붙여서는 안 됩니다. 대신 그 걸림돌이 얼마나 별것 아닌지, 가볍게 치울 수 있는 것인지를 세심하게 알려 주어야 합니다. 아이가 무조건 걸림돌을 피하지 않게 하고 부모가 직접 치워주지 않아야 합니다. 아이가 직접 부딪히게 해서 그 걸림돌이 높은 장벽이 아닌 충분히 넘어설 수 있는 문턱임을 반복적으로 경험시켜야 합니다.

속상한 마음부터 이해해주기

어느 날 집에 들어가니 둘째 아이가 늦은 시간까지 잠도 안 자고 기다리고 있더군요. 입이 부은 채 엄마를 보자마자 불만을 토해냅니다. 친구들과 시간이 맞지 않아 함께 놀지 못한다는 게 요지였습니다. 그래서 자기 일과를 바꾸고 싶다는 것입니다. 아이가 힘든 요구를 하고 있다는 생각이 들었지만 애써 그 반응을 드러내지 않은 채 일단 아이의 말을 처음부터 끝까지 다 들어봤습니다.

"그럼 네 일과를 어떻게 바꾸면 좋을지 네가 원하는 안을 한번 얘기해보렴" 하고 아이의 생각을 물었습니다. 아이가 머리를 이리저리 굴려보더니 결국 답이 안 나온다고 말합니다. 그러고는 결론을 본인이 내더군요. 꼭 친한 친구들이 아니더라도 시간이 맞는 다른 친구들과 놀겠다고 제안했습니다. 그때 저는 "아하, 그거 좋겠구나"라고 맞장구쳐줬습니다. 저는 아이의 말을 들어주면서 스스로 생각해보게 만든 것밖에는 따로 한 일이 없는데 문제가 해결됐습니다.

아이가 불만 사항을 얘기할 때 부모는 머리가 복잡해집니다. 어느 타이밍에 끼어들어 아이의 이야기를 교정하고 반박해서 알아듣게 만들까 하는 생각으로 머릿속이 가득해지기 때문입니다. 부모의 이런 태도를 아이는 고스란히 느낍니다. 즉 분노할 준비가 되어 있는 아이에게 기름을 부어주는 격이지요. 우선은 그 속상한 마음을 이해한다는 표정과 자세만으로도 아이의 울분은 조금 희석됩니다. 아이에게는 우선 위로가 필요해요.

특히 무언가에 잔뜩 스트레스를 받아서 힘들어하면서 투정을 부리고 억울한 듯 눈물까지 보이면 아이가 왜 그러는지 들어보는 것이 가장 먼저이지만, 특별한 이유를 말하지 못한다 해도 그냥 꼭 안아주며 토닥토닥 "화가 많이 났구나"라고 아이의 마음을 어루만져주세요.

누구나 자신이 날카로울 때 기꺼이 스펀지나 쿠션이 되어 흡수해줄 수 있는 대상을 바랍니다. 아이가 짜증을 내고 예민한 태도를 보일 때 "문제가 도대체 뭔데?" 하며 다그치지 마세요. 그저 꼭 끌어안고 "에구, 힘들구나, 우리 아가"로 충분합니다. 아이는 점차 분노가 가라앉으면서 무언가를 말로 표현할 것입니다.

어쩌면 아이가 좀처럼 얘기하려 들지 않을지도 모릅니다. 제게도 그런 일이 있었습니다. 자기가 이야기를 해도 별 해결책은 없이 엄마가 자신을 한심하게 여기게 될 뿐이라면서 도통 입을 열려 하지 않더군요. 엄마를 믿어달라고 했지요. 아이에게 생긴 문제는 어떤 문제도 한심하지 않을뿐더러 세상에 해결책이 없는 문제는 없다고 격려했습니다. 오히려 말을 안 하면 정말로 영영 해결이 안 된다고도 했지요. 아이는 그제야 입을 열더군요.

부모에게 꼭 말을 해줘야만 하는 것은 아니지만, 말을 못 한다는 것은 그만큼 불안하고 신뢰가 쌓이지 않았다는 뜻입니다. 부모에게 자기 불만이나 문제를 얘기해도 안전하다는 신뢰를 쌓는 길은 아이가 작은 신호를 보냈을 때 적극적으로 반응해주고 아이의 마음을 헤아려주는 데서 시작합니다.

기다리는 훈련을 시킬 때

아이가 무엇인가를 가지고 싶거나 하고 싶다고 표현하면 부모의 머릿속은 갑자기 분주해집니다. 아이의 요구를 어디까지 받아줘야 할지 난감하기 때문이지요. 과자나 장난감 등을 사달라고 아이가 자꾸 조르고, 사주지 않으면 부모가 못 견딜 때까지 심하게 떼쓰기도 하니까요.

그럴 때 '이 장난감을 안 사주면 아이가 나를 미워하겠지?'라는 생각으로 즉각 사주는 부모가 있고, "지난번에 비슷한 장난감을 사줬는데 왜 또 사달라고 조르니?"라고 핀잔하며 면박을 주는 부모가 있습니다. 아이들은 가지고 싶은 장난감을 즉시 얻지 못했다고 부모를 미워하지 않습니다. 오히려 장난감을 얻지 못한 속상함보다 부모의 핀잔과 면박에 더 큰 상처를 입지요.

아이가 정말로 원하는 것은 그 무엇이 아닌 경우가 많습니다.

그것을 원하는 자신의 마음을 이해받고 싶은 것이지요. 사실은 원하는 게 어떤 물건이 아니라 엄마의 관심일 수도 있고요. 그런 마음을 이해받았다고 느낀 순간, 가지고 싶었던 것을 꼭 안 가져도 되는 아이가 의외로 많습니다. 부모가 주는 공감 에너지의 힘이지요.

"그래, 저 장난감을 정말 가지고 싶구나. 알았어. 엄마가 잘 알아둘게"라고 한번 실험해보세요. 이때 핵심은 아이에게 기다리는 훈련을 시킨다는 것입니다. 결국은 자기 요구를 거절당할지라도 아무 공감 없이 즉각 거절당할 때보다 가지고 싶은 마음을 이해받을 때 아이들은 더 잘 참습니다. 또한 설령 그 물건을 꼭 가지고 싶었더라도 그 과정에서 아이가 다른 대안을 생각해보게 된다는 데 의미가 있습니다.

아이의 조급함을 다스리고 만족 지연 능력을 훈련할 때는 "잘 기다리고 참으면 이것을 해줄게"라는 방식보다 "당장 하고 싶어도 잘 참고 견디면 너는 스스로 더 큰 뿌듯함을 느끼게 될 거야"라는 방식으로 얘기해주세요. 아이가 참는 과정의 보람과 기쁨을 느끼도록 말이지요.

당황하지 않고 차분하게

양육에서 가장 중점을 두어야 할 부분은 '좌절 감내력'과 '만족 지연 능력'을 키우는 것이라고 감히 말하고 싶습니다. 학습 성취, 대인 관계, 리더십 등도 이 두 능력을 기초로 발현되지요.

아이가 자기 욕구를 바로 충족하지 못하여 그 좌절감을 부정적으로 표출하면서 부모의 뜻대로 행동하지 않아도 낙담하지 마세요. 당장 아이를 혼내어 그 행동을 강제로라도 바꾸고 싶으시겠지만, 아이를 바꾸려 하기보다 부모 자신부터 변화하는 것이 먼저입니다. 그리고 나서 아이를 믿고서 조금만 참고 기다리자고요.

부모도 일이 원하는 대로 되지 않을 때 마음이 조급해지고 화가 납니다. 그럴 때 아이 앞에서 당황하지 않고 차분하게 이성적으로 해결하여 지금은 만족스럽지 못할지라도 나중에 더 큰 행복감을 얻는 모습을 평소에 일관되게 보여주는 것입니다. 아이는 '우리 엄마, 아빠는 저런 상황에서도 허둥대지 않으시는구나'라고, '내 욕구를 당장 채울 수 없는 상황이라면 잠시 기다렸다가 나중에 채우는 것이 더 즐겁구나'라고 생각할 거예요. 즉 아이가 부모를 보고 자연스럽게 익히도록 부모가 아이의 한결같은 롤모델이 되어주는 것이죠.

그러니 아이 앞에서는 "당장", "빨리"라는 표현보다 "천천히" 혹은 "그래, 한번 기다려보자"라는 표현을 많이 써주세요. 아이들은 그런 표현까지 배운답니다.

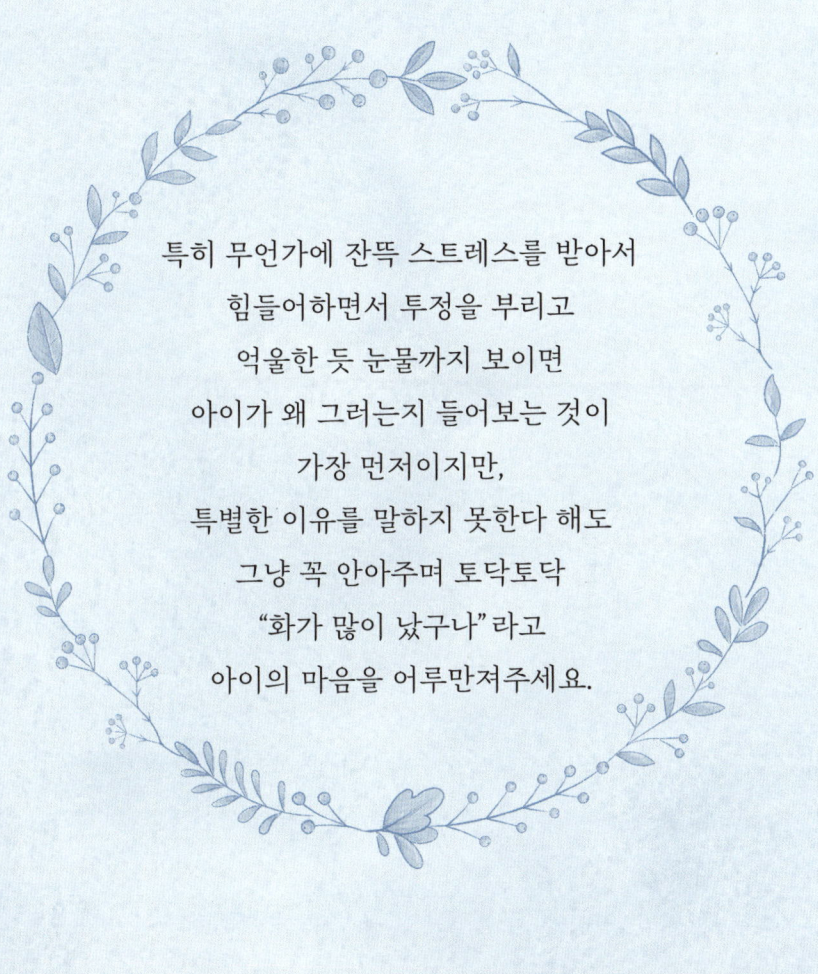

특히 무언가에 잔뜩 스트레스를 받아서
힘들어하면서 투정을 부리고
억울한 듯 눈물까지 보이면
아이가 왜 그러는지 들어보는 것이
가장 먼저이지만,
특별한 이유를 말하지 못한다 해도
그냥 꼭 안아주며 토닥토닥
"화가 많이 났구나"라고
아이의 마음을 어루만져주세요.

기다릴 줄 아는 아이로 키워야 하는 이유

1970년경 미국 스탠퍼드 대학의 심리학 교수 월터 미셸Walter Mischel 박사가 이끄는 연구팀은 '마시멜로 실험'을 했습니다. 네 살짜리 아이들에게 한 명씩 방에 들어가도록 하고, 그 방에는 벨과 마시멜로를 준비했지요. 아이가 벨을 누르면 방으로 가서 마시멜로를 한 개씩 주었고, 아이가 벨을 누르지 않고 미셸 박사가 올 때까지 기다리면 마시멜로를 두 개씩 주었습니다.

비디오로 촬영한 실험 과정을 지켜보면 아이들은 몸을 비틀고 발길질을 하거나 손으로 눈을 가리는 등 별별 행동을 다 합니다. 미셸 박사가 나타날 때까지 기다렸다가 마시멜로를 두 개씩 얻기 위해 자기 통제력을 발휘하는 것이지요. 실험 결과는 가지각색입니다. 어떤 아이는 1분도 참지 못하고 벨을 누르는가 하면, 다른 아이는 15분이나 꾹 참고 기다렸습니다.('만족 지연

Delayed Gratification'에 강하다는 의미입니다.)

10여 년이 지난 후 연구팀은 마시멜로 실험 결과와 피실험자들의 미국대학수학능력시험SAT 성적을 비교했습니다. 오래 기다린 아이일수록 좋은 성적을 받은 것으로 나타났으며, 평균적으로 좋은 대학에 진학했고 사회적으로도 성공했습니다. 반면 참지 못하고 일찍 벨을 누른 아이는 문제아가 되는 비율이 높았습니다. 또한 학교에 다니는 기간 내내 교사들에게서 나쁜 평가를 받았습니다.

앞서, 제 아이들에게 초콜릿으로 비슷한 실험을 한 경험을 앞서 말씀드렸습니다. 이 실험은 아이의 기질을 테스트할 수 있는 간단한 방법임과 동시에 '기다리는 힘'을 아이에게 가르쳐줘야 한다는 것을 여실히 보여줍니다.

기다림에 따른 보상이 훨씬 크다는 것을 일상생활에서 느끼게 해주세요. 아이에게 하고 싶은 것, 먹고 싶은 것, 가지고 싶은 것이 있을 때 그 즉시 당장 들어주기보다는 짧은 시간이라도 견딜 수 있는 과정을 거치게 하는 훈련이 필요합니다. 아이가 어떤 좌절에 부딪혔을 때 무너지지 않고 감내할 수 있는 힘을 더 강하게 키워주거든요. 아이의 요구를 즉각 들어주는 것은 가장 손쉽지만, 아이에게 독이 될 수 있는 일임을 명심해야 합니다.

'너를 이해한다'는 메시지

아이가 부드럽고 안전한 담요 위에서 자신의 마음속 이야기를 편하게 하도록 만들어야 합니다. 우리 부모들은 아이의 표현을 알게 모르게 억압하는 경향이 있지요. "엄마의 이야기를 끝까지 들어", "어디서 말대답이야!", "말을 잘 듣네. 참 착하구나" 하는 말들은 아이의 말문을 막습니다.

옳고 바른 이야기로는 아이를 감동시키지 못합니다. 아이는 자기 마음을 알아준다고 느낄 때 비로소 어른의 이야기에 귀를 기울이지요. 공감이 먼저, 훈육은 나중입니다. 아무리 옳은 이야기라도 '공감'을 받는다는 느낌이 없이는 자신을 간섭하는 혹은 통제하는 것이라고 여기기 때문입니다. 아이를 교정해주고 싶을 때는 지적하기 전에, '너를 이해한다'는 메시지를 먼저 전달해보세요.

훈육과 학대의 차이

아이가 규칙을 어기려 하거나 약속을 지키지 않았다면 단호하게 훈육을 해줘야 합니다. 훈육은 아이가 세상을 살아갈 때 꼭 필요한 규칙을 안내하는 일입니다.

훈육이란 아이를 제압하는 것이 아니라 잘못된 행동 대신 옳은 대안을 제시하고 그것이 아이에게 익숙해지게 하는 것입니다. 잘못된 행동에 대해 체벌 등으로 대가를 치르게 하고 두려움을 갖게 하는 것은 학대입니다. 시간과 노력을 들여서 제대로 행한 훈육은 아이에게 정서적 안정감을 제공합니다.

소통의 첫걸음

"네가 믿을 만하게 행동했어야 내가 믿지. 할 말 있으면 해 봐."
엄마의 말에 아이는 더 이상 엄마와는 대화가 안 될 것 같다며 입을 꾹 다물어버립니다. 눈물도 글썽이기 시작합니다. 진료 현장에서 흔히 볼 수 있는 엄마와 아이의 대화입니다. 엄마는 아이를 사랑하는 게 확실한데 아이는 이를 믿지 못합니다.

늘 의심의 눈으로 아이를 쳐다보며 "정말 그랬어?"라는 말을 연발하는 엄마가 적지 않습니다. 아이는 뿔난 표정으로 왜 항상 그런 식으로 나를 못 믿느냐며 소리를 버럭 지르지요. 치료자가 바로 앞에 앉아 있는데도 그러한데 집에서는 과연 어떨까요? 엄마와 아이는 어쩌다 이리 불신하는 관계가 되었을까요?

아이가 부모의 말에 귀를 닫는 이유는 부모의 말이 틀려서가 아닙니다. 너무도 옳은 말인 것은 알지만, 자신이 할 수 있다는 것을 믿어주지 않는 게 야속해서 그 말을 반사하는 것입니다. 아이가 부모의 말을 듣고 싶게 만들기 위해서는 말 이전에 충분한 믿음의 메시지를 전하세요.

기분 좋은 대화 상대가 되는 방법

누군가에게 기분 좋은 대화 상대가 되고 싶다면 그저 고개만 끄덕이거나 추임새만 넣어주는 것이 아니라, 눈을 반짝이며 진지하게 물어주면 됩니다. '나는 네 이야기가 참 궁금하다'라고 표현하는 것이지요.

아이에게도 마찬가지입니다. 아이가 나를 좋은 대화상대로 여기게 하려면 아이가 말을 할 때 눈을 쳐다보고 진지하게 이야기를 들어주고 되물어주면 됩니다. 이는 아이의 언어 구사력에도 도움을 주지요. 조리 있게 잘 말하지 못하는 유아들에게도 "그랬구나!", "아하!", "그 다음엔 어떻게 됐어?" 하고 반응해주고 물어주면 아이의 표현 욕구가 강화되어 나중에 상상력이 넘치는 말들을 유창하게 쏟아내게 됩니다.

서툰 표현도 진지하게 받아주기

"엄마가 너를 얼마나 사랑하는지 알지?"
아이는 고개를 힘껏 저으며 대답합니다.
"잘 모르겠어요."
엄마는 눈물을 흘리고 아이도 눈시울이 뜨거워집니다. 부모의 사랑을 아이가 모를 수도 있다는 것을 아는 순간, 엄마와 아이 사이에 진정한 소통이 시작됩니다.
아이는 부모가 자기 생각에 대해 평가하거나 다 알고 있는 듯한 태도를 취하면 더 이상 입을 열지 않습니다. 어떤 말도 무비판적으로 수용하는 자세, 진정으로 궁금해하는 부모의 모습에 아이의 입은 열리기 시작합니다. 공감 에너지는 이렇게 발휘돼야 합니다.
아이는 공격을 받으면 얼어붙으면서 방어적으로 변하며 언어가 마비됩니다. 아이에게 솔직한 표현을 얻어내고 싶다면 아이가 실수한 과정에 대해 침착하고 부드러운 어조로 물어보세요. 편안한 상태에서 표현하는 아이의 입에서는 의외의 대답이 나옵니다.

아이가 서툴게 표현하더라도 진지하게 들어주면서 어쩌다 그럴싸한 생각이나 감정을 표현할 때면 크게 맞장구쳐주세요. 표현도 누울 자리를 보고 하는 것입니다. 부모가 딴청을 부리고 자신을 쳐다보지 않으면 아이는 입을 닫게 되지요. 말해도 소용없을 것이라 생각하고 말하기를 포기하는 것입니다.

물론 쉽지 않은 일입니다만, 아이의 말을 경청하려는 노력을 지속적으로 해보세요. 아이는 그 순간 부모의 사랑을 느낍니다.

"나는 엄마가 나를 정말로 사랑한다는 것을 알아. 왜냐하면 내가 엄마와 이야기를 하려고 하면 엄마는 무슨 일을 하다가도 손을 멈추고 내 말을 끝까지 들어주니까."

아이의 말에 귀를 열고 들어주는 일부터 시작해보세요. 아이의 이야기에 주의를 집중하는 것은 어떤 칭찬보다도 효과적입니다. 아이의 온갖 재잘거림에 고개를 끄덕여주세요. 아이가 부모의 사랑을 느끼게 하는 쉽고도 강력한 방법이지요. 그 위력은 부모의 상상 그 이상입니다.

독이 되는 칭찬과 약이 되는 칭찬

칭찬을 받아도 기분이 좋지 않은 경우가 종종 있습니다. 칭찬에 가시가 들어 있고, 칭찬 속에서 진심이 아닌 시기심이 느껴지는 경우이지요. 누군가를 칭찬하려거든 진심으로 칭찬할 준비가 되었을 때 '흔쾌히' 칭찬하세요. 설익은 칭찬은 안 하는 것만 못합니다.

칭찬을 받아본 경험이 없는 사람은 평생 남을 칭찬할 줄 모릅니다. 칭찬하는 것이 어색하지요. 사랑을 받아본 경험이 없으면 충분히 사랑받아 마땅한데도 늘 사랑을 의심합니다. 배려와 용서의 힘을 체험해보지 못한 사람은 남에게 늘 분노합니다. 인성은 과거 경험들이 차곡차곡 축적되어 형성된 결과물이지요.

한 아이와 엄마가 대화를 나눕니다.

"엄마, 나 오늘 수학 100점 맞았어!"
"100점이 몇 명이나 되는데?"
"열 명쯤?"
"응, 그렇구나. 문제가 쉬웠나 보네?"

아이는 자기가 충분히 칭찬받지 못한 이유를 이해하지 못하고 얼굴이 어두워집니다. '줄 세우기' 교육 시스템이 괴물 같은 부모, 불행한 아이를 만듭니다.

"저는 남 칭찬을 잘 못해요. 입에 발린 소리를 하는 것 같아서요. 게다가 누군가 저를 칭찬하면 늘 진의를 의심하게 됩니다."

이렇게 말하는 엄마도 있었습니다. 그 엄마가 그렇게 된 데도 어떤 원인이 있겠지만 여러분이 누군가에게 영향을 끼치는 사람이라면, 게다가 부모라면 자녀에게 칭찬을 잘 못하고 늘 의심하는 문제의 원인을 반드시 해결해야 합니다.

또한 아이가 겉으로 힘들다는 내색 한 번 없이 부모의 말을 잘 들으면 상당히 많은 부모가 그런 아이를 독립적이고 순응적이라며 칭찬합니다. 아이들은 자신이 보낸 신호를 부모가 알아채지 못하면 점차 신호를 보내지 않게 됩니다. 그러다가 결국 신호 보내기를 포기하고 체념하지요.

그렇게 신호를 보내지 않는 것을 부모가 의젓하고 의연하다며 좋아하니, 아이는 정말로 힘들 때 보내야 할 신호조차 감출 수밖에 없어집니다. 그래야 부모에게 사랑받을 수 있을 것 같기 때문입니다. 제발 아이들에게 다 큰 어른도 가지기 힘든 의젓함과 의연함을 강요하지 마세요. 아직은 부모의 칭찬과 사랑이 필요한 아이일 뿐입니다.

이처럼 아이가 부모의 욕구에 맞춰 칭찬받는 데 익숙하다면 부모는 지금 당장 그렇게 칭찬하는 방식을 버리고, 아이가 자기 주관대로 행동할 때 기뻐해줘야 합니다. 칭찬으로만 형성된 자존감은 칭찬이 사라질 때 같이 허물어질 수 있으니까요.

똑똑하다는 칭찬을 들어온 아이는 자신의 그 똑똑함을 유지해야 하니 실패가 얼마나 두려울까요. 그런 칭찬은 아이에게 독이 됩니다. 참으로 머리가 좋다, 영리하다는 칭찬을 아이에게 자주 해왔다면 이제는 칭찬의 방식을 바꿔보길 바랍니다.

아이를 칭찬할 때는 타고난 재능을 칭찬하기보다는 스스로 절제하고 개선하려는 모습에 대해 칭찬해주세요. "똑똑하구나"라며 재능을 칭찬받은 아이와 "성실하구나"라며 노력을 칭찬받은 아이에게 어려운 과제와 쉬운 과제를 부여하고 둘 중 하나를 고르게 하면, 재능을 칭찬받은 아이는 실패가 두려워 쉬운 과제를 선택하고, 노력을 칭찬받은 아이는 과감히 어려운 과제에 도전합니다. 부모가 어떻게 칭찬하는지에 따라 이토록 다른 결과를 가져옵니다.

타고난 것에 대한 칭찬은 그것이 무너질까 두려워서 위험한 일이나 난관이 예상되는 일을 피하게 만듭니다. 늘 재능을 인정받기를 꿈꾸다가 어려운 일을 피할 수 없게 되었을 때, 그 일을 해내지 못하게 되었을 때 결국 자존감을 잃게 되지요.

누구나 칭찬에 목말라하지 않고 비판에 의연한 사람이 되고 싶어 하지만 생각대로 잘되지 않는 게 인간입니다. 그런 인간의 본성을 받아들여야 다른 사람들과, 무엇보다 내 아이와 함께 보통의 인간이라면 매번 겪는 좌절의 아픔도, 칭찬을 갈구하는 심정도 공감할 수 있습니다.

아이가 변한다는 신호

"몰라요"라는 말로만 일관하던 아이가 천천히 고개를 들어 엄마와 아빠에 대한 불만을 툭툭거리는 말투로 털어놓기 시작할 때, 너를 도와주고 싶다는 짧은 말 한마디에 아이가 상기된 얼굴로 기대감의 눈빛을 보일 때, 부모와 자식이 서로 소통한다는 게 얼마나 어려운 것인가를 다시 한 번 깨닫게 됩니다.

아이들은 부모가 자기 말에 귀 기울인다고 느낄 때 비로소 감정을 표현합니다. 엄마가 바빠 보이거나 아파 보이거나 듣기 귀찮아한다고 느끼면 입을 닫아버리고 거짓 감정을 표현하기 시작합니다. 순한 줄로만 알았던 내 아이가 갑자기 돌변했다고 엄마들은 말하지만, 사실 '갑자기'라는 것은 없습니다.

말을 좀처럼 안 하고 짜증도 안 내던 아이가 있었습니다. 표현 자체를 많이 하지 않는 아이였지요. 그런데 부모가 부모 훈련을 받은 후 경청하고 민주적인 태도를 취하자 아이는 오히려 어리광이 늘고 화도 자주 냈지요. 부모는 아이가 어째서 더 나빠지느냐고 하소연했지요. 아이가 이렇게 퇴행하는 듯하고 공격적인 모습을 일시적으로 보이는 것은 고름이 터지고 있다는 신호랍니다.

아이의 입장에서는 부모가 편해지니 그간 못 했던 행동들을 해보며 자기 나름대로 치유를 하는 중인 것이지요. 그 고름이 다 빠져나오면 정상 궤도에 안착하며 편안해집니다.

아이가 조금이라도 변화되는 모습이 있다면 그 노력을 크게 격려하면서 자랑스럽다고 표현해주세요. 하고 싶은 것을 안 하고 잘 참는 사람은 흔치 않습니다. 어른이건 아이건 마찬가지예요. 아이가 자기 욕구를 누르며 조금씩 변하려고 노력한다면 꼭 말해주세요.

"참으려 노력하는 네 모습이 참 대견스럽구나."

감정 표현을 잘하는 아이가 건강하다

"표현하지 않는다고 아무런 생각이 없는 것은 아니에요. 단지 표현하고 싶지 않았어요. 어른들의 반응이 뻔하니까요."

제가 진료 현장에서 청소년들에게 제일 많이 듣는 말입니다. 뻔하지 않은 어른의 반응을 접할 때 아이들은 표현하기를 잘했다고 느낍니다. 그런 경험을 여러 번 반복적으로 해야 아이는 잘 표현할 수 있습니다.

아이가 감정을 자유롭게 표현하는 것이 왜 중요할까요? 자기 감정을 솔직하게 잘 드러낸다는 것은 아이의 자아가 그만큼 건강하다는 뜻이기 때문입니다. 타인에게 분노하지만 그것을 표출하고 투쟁할 용기가 없는 아이는 그 분노를 자기 자신에게로 돌립니다. 우울증에 빠지는 것입니다. 분노를 키우면 나중에는 절망감에 사로잡혀서 누군가에게 도움을 요청할 의욕마저 없어지게 되지요. 작은 감정이라도 표현하고, 그때그때 해결해야 합니다.

그러니 어릴 때부터 감정을 자유로이 표현하는 것은 훌륭한 일임을 경험시켜줘야 합니다. 감정을 표현하는 것은 부끄러운 일이 아니라고, 우리는 자기가 느끼는 감정에 아무런 책임이 없으니 부정적인 감정을 품더라도 괜찮다고, 그것을 창피해하지 않아도 된다고 알려줘야 합니다. 그래야 성장해가며 웬만한 스트레스에도 견딜 수 있는 보호 인자가 작동할 수 있지요. 자기감정을 표현했을 때 받아들여질 것이라는 믿음이 있어야 남에게 도움을 요청할 수 있는, 자아가 강인한 사람이 되는 것입니다.

아이가 감정을 표현하는 방식은 매우 다양해서 부정적으로 표출되기도 합니다. 갑자기 컵을 탁 내리치거나, 문을 쾅 닫거나, 질문에 대답을 안 하거나, 반항하고 대들지요.

아이들은 쉽게 화를 내곤 하는데, 그것은 생각이 정리되고 바뀌는 데 시간이 필요하기 때문입니다. 감정적으로 문제가 생겼으나 당장 표현할 어휘가 부족한 것인데, 부모는 말을 똑바로 하라고 다그치거나 "어릴 때는 참 착했는데 어쩌다 이렇게 변했을까?"라고 반응하니 더 화가 나는 것이지요. 물론 겨우 고개를 내민 아이의 감정은 다시 쏙 들어가버립니다. 착했던 아이가 단지 사춘기여서 변했다고 여길 일은 아닙니다. 아이가 말로 표현하도록 충분히 기다려주고 격려해야만 화로 거칠게 표출되는 감정을 중화할 수 있습니다.

거짓된 순응처럼 무서운 것이 없습니다. 나중에 한꺼번에 문제 행동으로 폭발할 수도 있고, 몸으로 표현될 수도 있습니다. 실제로 아이들이 스트레스를 받을 때 그것을 표출하지 못하면 이런저런 신체 증상으로 나타납니다. 두통과 복통이 가장 흔하며, 의식을 잃고 쓰러지기를 반복하는 아이도 있습니다. 속 한 번 안 썩이던 아이가 늘 머리와 배가 아프고 자주 토한다면 감정을 온몸으로 토로하고 있는 것일지도 모릅니다. 몸이 아닌 언어로 아이가 감정을 표출할 수 있도록 어른이 도와줘야 합니다. 자기감정을 표현해도 안전하다는 느낌을 갖도록 말입니다.

순응적으로만 보이는 아이의 불안을 인식하려면 아이의 감정에 늘 민감해야 합니다. 가끔 보여주는 짜증과 분노의 표현에 고마워하면서 잘 표현할 수 있게 이끌어줘야 합니다. 아이의 작은 표현에 대해서도 우호적으로 경청해주세요. 어쩌면 아이가 일시적으로 자기감정을 과하게 표현하거나 퇴행적인 행동을 보일지 모릅니다. 이 시기는 감정을 좀처럼 표현하지 못하고 억누르던 아이가 건강하게 감정을 표현할 줄 아는 아이로 나아가기 위해 꼭 필요한 과도기일 뿐입니다.

어렵사리 나온 진짜 감정 표현에 부모가 화들짝 놀라거나 어이없어한다면 아이는 다시 거짓 감정으로 돌아갈 것입니다.

Part 3

긍정 육아의 두 번째 원칙
: 민감성

"아이의 모든 행동에는
이유가 있습니다."

아이들은 자기 욕구를 표현할 때
"엄마, 나를 사랑해줘요"라고 직접적으로 말하지 않습니다.
반항으로, 무조건적인 순응으로,
때로는 신체 증상으로 표출되기도 합니다.
말하지 못한 스트레스 한 방에
아이가 무너져버릴 수도 있으니
부모가 알아내서 채워줘야 합니다.
그저 아이가 왜 그러는지를 정확히 이해하려는 노력,
부모의 이해 그 자체가 절반의 성공을 가져옵니다.

아이의 행동에 '어느 날 갑자기'는 없다

아기들이 보내는 신호는 우는 것이 전부입니다. 배고파도 울고, 심심해도 울고, 안아달라고 울고, 기저귀가 젖어도 웁니다. 아무 이유 없이 울기도 하지요. 특히 백일 전의 아기들이 자기 욕구를 표현하는 방법은 울고 보채는 것뿐입니다. 그래서 아기가 왜 그러는지 금방 알아채고 달래주려는 엄마의 민감성이 매우 중요한 시기입니다.

아기가 우는 이유를 정확히 알고 빨리 해결해주는 능력을 타고난 부모도 있지만, 보통은 부단한 노력이 필요합니다. 부모의 공감 에너지는 바로 아이와 끊임없이 눈을 맞추고 소통을 하려는 정성입니다. 아프거나 불편한 데가 없는데도 아기가 심하게 운다면 아기의 욕구 신호를 제대로 받아서 채워주지 못하고 있는 것은 아닌지 한번 점검해보시길 바랍니다.

정말 순하게 자라면서 스스로 뭐든지 알아서 척척 해내던 아이가 어느 날 문제를 일으키기 시작했다면서 도무지 이해할 수가 없다고들 말하기도 합니다. 손 하나 안 가던 아이가 갑자기 짜증을 내는데 이유를 모르겠다고요. 아이의 그런 모습은 과거부터 쌓여온 욕구의 굶주림을 채우려는 시도일 수 있습니다. 갑자기 그러는 경우는 없습니다.

이처럼 아이의 행동에는 다 이유가 있습니다. 그 이유를 알려고도 하지 않는 어른들 때문에 아이는 분노하고 반항하며 폭력적이 됩니다. 불안 가득한 내면과 여리디여린 실체는 거친 언행으로 가려지고 위장되죠. 불안이 높은 아이들 중에는 자신의 극심한 불안을 다스리기 위해 상대방을 선제적으로 공격하는 아이들이 있습니다. 어른은 거칠고 공격적인 아이의 언행이 진짜 모습인 줄 여기고 통제하고 제압하려고만 하니, 아이 입장에서는 늘 억울하고 악순환의 관계에 빠집니다. 아이의 연두부같이 순한 속마음을 부모가 조금만 알아주고 공감해준다면 아이는 비로소 분노와 반항이라는 가면을 벗고 진솔한 소통을 시작할 것입니다.

숨어 있는 욕구를 발견하기

아이들은 본능적으로 부모에게 인정받으며 사랑받고 싶은 욕구를 지니고 있습니다. 어떻게 행동하면 부모가 칭찬하는지 잘 알기에 자기감정을 드러내지 않고 부모에게 맞춰 순응적으로 행동하는 아이가 있지요. 그러나 잘 들여다봐야 합니다. 사실은 내면에 불안이 가득할 수도 있습니다.

아이가 힘들다고 하지 않는 것, 심지어 재미있다고 하는 행동에조차 부모에게 칭찬받고 싶은 욕구가 포함되어 있음을 눈치채야 합니다. 아이의 얼굴빛, 한숨을 쉬는 횟수, 엄마에게 자유롭게 감정을 표현하는 능력을 살펴봐야 합니다. 아이가 부모의 말에 토 달지 않고 순응하며 잘 따라와준다고 그저 안심하면 안 됩니다.

힘든 내색 없이 부모가 시키는 대로 알아서 잘하는 아이의 모습을 칭찬하기 시작하면 아이는 힘든 일이 생겨도 힘들다고 솔직하게 말하기를 두려워합니다. 힘들다고 얘기하면 부모가 실망하여 자신을 더 이상 사랑하지 않을 것이라고 잘못 믿기 때문입니다. 힘들다고 아이의 진짜 속마음을 솔직하게 표현해도 안전하다는, 아이가 어떤 표현을 할지라도 부모는 여전히 아이를 사랑하고, 아이 편에 서서 도와줄 것이라는 믿음을 줘야 합니다.

 아이들은 자기 욕구를 표현할 때 "엄마, 나를 사랑해줘요"라고 직접적으로 말하지 않습니다. 반항으로, 무조건적인 순응으로, 때로는 신체 증상으로 표출되기도 합니다. 말하지 못한 스트레스 한 방에 아이가 무너져버릴 수도 있으니 부모가 알아내서 채워줘야 합니다.

 그저 아이가 왜 그러는지를 **정.확.히.** 이해하려는 노력, 부모의 이해 그 자체가 절반의 성공을 가져옵니다. 아이가 자기 불안을 말로 표현할 때 귀 기울이며 더욱 격려하고 인정해주세요. 아이의 겉모습과 행동만 보고 판단하면서 대충 추측하지 마세요. 아이들은 그저 어떻게든 사랑을 받고 싶어 할 뿐입니다.

생떼와 불안을 구분할 것

아이들한테도 바르게 행동하고 싶은 마음은 늘 있습니다. 그런데도 자꾸 분노하고 폭력적이 되는 것은 문제 해결력과 정서 조절을 담당하는 뇌 기능의 결함 때문입니다. 여기에 처벌과 통제를 가한다면 오히려 역효과를 초래하지요. 아이에게 부족한 기술을 가르치는 관점으로 접근해야 합니다.

떼를 쓰며 짜증을 부리는 것과 불안해서 투정하는 것은 분명히 구분하고, 다르게 반응해야 합니다. 부모의 반응을 힐끗힐끗 쳐다보며 자기 욕구를 관철하기 위해 소위 '생떼'를 부리는 행동을 할 때는 아이를 무시하거나 그 행동을 멈추도록 해야 하지요. 그러나 잠들기 전, 혹은 잠에서 깬 직후처럼 아직 뇌가 혼란스럽거나 불안한 상태에서 아이가 칭얼거리면 꼭 안아주며 토닥토닥 달래줘야 합니다.

아이가 심하게 생떼를 부린다고 해도 체벌과 위협은 어떤 상황에서도 가장 좋지 않은 방법입니다. 보통 부모들은 "네가 자꾸 그러면 앞으로 이건 안 해준다"라는 식으로 협박을 하거나 체벌을 합니다. 가장 손쉽지만 서로 마음의 상처가 되고 장기적으로는 득이 별로 없는 방법입니다. 아이가 집에서 떼쓰면 무시할 수 있지만 사람이 많은 바깥에서는 그마저도 쉽지 않지요.

저 같은 경우는 "진정될 때까지 기다릴 테니 네가 진정된 후 다시 얘기하자"라고 말합니다. 사실 많은 부모가 옳은 방법이라고 생각하긴 하지만 가장 실천하기 어려운 방법이기도 합니다. 아이가 떼쓴다는 것은 그게 안 된다는 것을 알면서도 뭔가에 계속 화가 난다는 표현입니다. 화난 상태에서는 대화가 힘드니 기다려야 하지요. 이때 부모는 아이를 떠나거나 무시하는 것이 아니라 네가 진정될 때까지 기다리고 있는 것이라는 메시지를 지속적으로 주는 것이 매우 중요합니다.

아이의 약한 신호를 놓치지 않으려면

아이가 정말로 힘들어하는 것이 무엇인지 정확하게 파악하려면 아이가 수시로 보내는 신호에 촉각을 곤두세우고 있어야 합니다. 둔감하고 무뚝뚝한 성향의 부모는 아이의 신호를 잘못 이해해서 엉뚱한 반응을 보이기 일쑤이고, 그로 인해 아이는 더 이상 표현하지 않게 됩니다.

아이들은 부모에게 처음에는 약한 신호를 보내다가 부모의 반응이 시원치 않거나 해결이 안 되면 더욱 강도를 높입니다. 그렇기 때문에 아이의 사소한 변화나 신호에는 초기에 민감한 태도를 취해야 더 큰 문제를 예방할 수 있습니다.

아이들이 보내는 신호 중 가장 흔하게 나타나는 것이 '배 아프고 머리 아프다'는 것입니다. 반복적으로 구토를 하는 아이도 상당히 많습니다.

단순한 신체 증상으로만 생각하지 마시고 아이가 학교에서 친구들과 문제가 생기지는 않았는지, 새 학기에 적응은 잘하고 있는지, 학습 과부하는 없는지 물어보세요.

학기 초가 되면 몸이 아프다며 저를 찾는 어린이 환자가 많습니다. 대개는 각종 의학적 검사를 동원해도 아이가 호소하는 신체 증상을 확인할 수 없습니다. 이를 '신체증상장애'라고 부르는데 신학기 스트레스, 친구 스트레스, 시험 경쟁 스트레스, 부모와의 갈등, 자신과의 갈등 등으로 마음은 고단한데 어떻게 해소할 방법이 없으니 몸으로 나타나는 것입니다.

이런 경우에 간혹 아이의 꾀병을 의심하는 부모도 있는데, 그 통증을 의학적으로 설명할 수 없을 뿐 이는 절대 꾀병이 아닙니다. 각종 스트레스를 지속적으로 받으면 불안해지고 신경호르몬의 균형이 깨지면서 다양한 장기에 악영향을 끼쳐 몸을 아프게 만드는 것이지요.

아이가 차마 말로 표현하지 못하고 신체 증상으로 표현할 수밖에 없는 일이 생기지 않도록 아이의 몸과 함께 마음도 잘 들여다봐야 합니다.

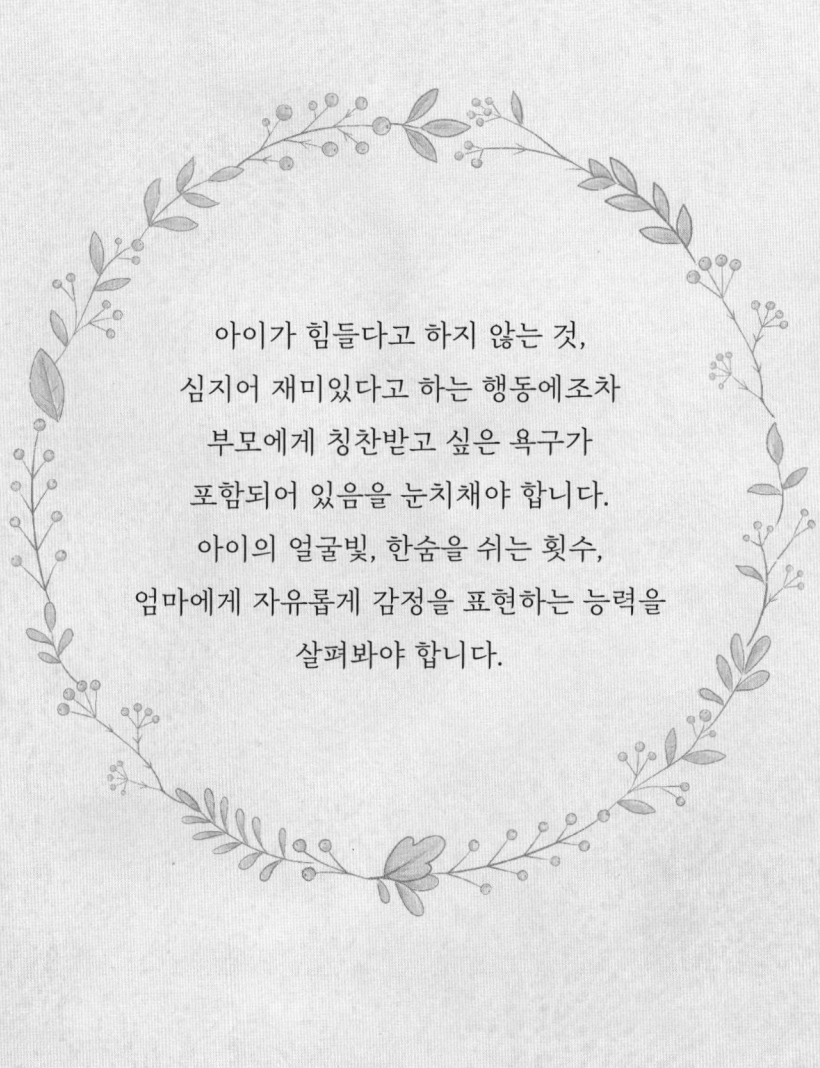

아이가 힘들다고 하지 않는 것,
심지어 재미있다고 하는 행동에조차
부모에게 칭찬받고 싶은 욕구가
포함되어 있음을 눈치채야 합니다.
아이의 얼굴빛, 한숨을 쉬는 횟수,
엄마에게 자유롭게 감정을 표현하는 능력을
살펴봐야 합니다.

아이의 표정이 어두운 날에는

저는 아이들에게 최고의 엄마는 아니어도 미안함과 고마움을 자유롭게 표현하는 엄마, 아이가 스스럼없이 자신의 불만과 고민을 얘기할 수 있는 엄마가 되려고 노력했습니다. 그런 엄마가 되기 위해 '진지하게 이야기 나누기' 방법을 썼습니다. 그 방법을 통해 엄마가 언제나 아이들에게 관심을 기울이며 사랑하고 있다는 것이 전해지도록요.

두 아이 중 어느 아이든 표정이 좋지 않아지면 그사이 아이와 '진지하게 얘기하기'를 게을리하지 않았나 돌아봤습니다. 그럴 때마다 정말 그랬더라고요. 그러면 아이의 마음에 병이 더 깊어지지 않도록 아이의 방에 들어가서 "오랜만에 네 불만과 걱정이 무엇이든 다 얘기해 봐. 엄마가 오늘은 특별히 다 들어준다!"라고 멍석을 깔아줬습니다. 대개는 한 시간이 넘도록 이야기가 이

어집니다.

  아이는 그동안 분주하기만 한 엄마가 조금은 어려웠다는 속마음도 꺼냅니다. '엄마가 말은 안 하지만 나를 한심하게 여기고 있는 게 분명해' 하고 걱정했다는 고민도요. 그러면서 이제 엄마가 자신을 얼마나 사랑하는지 느껴진다고 안도합니다. 제가 한 일이라고는 그저 아이가 무슨 이야기든 안심하고 꺼낼 수 있도록 이끌고 그 이야기를 진지하게 들어준 것뿐인데 말입니다.

밥을 먹으면서 아이의 '이야기 배'까지 채워줄 것

 아이들이 어릴 때 저희 집의 저녁 식사 시간은 참 시끄러웠습니다. 서로 그날그날 있었던 일들을 얘기하느라고요. 무슨 이야기든 식탁에 오릅니다. 큰아이의 경시대회가 취소된 이야기, 곧 생일을 앞둔 작은아이가 친구한테 어떤 선물을 받고 싶은지 기대하는 이야기 등 큰아이와 작은아이의 빅뉴스부터 날씨가 너무 따사로워 수업 시간에 졸음을 참느라 혼났다는 둥, 친구들 사이에 요즘 무슨 드라마가 유행한다는 둥 온갖 소소한 이야기까지……. 아무래도 '음식 배'가 아니라 '이야기 배'가 고팠던 것처럼요.

 식사 시간, 특히 저녁 시간은 먹는 것 이외에도 서로 밀린 이야기를 하고 맞장구를 치며 일상을 나누고 하루를 마감하는 중요한 순간입니다. 비록 천천히 먹고 느지막이 치우게 되어 번거

롭더라도 아이가 '음식 배'뿐만 아니라 '이야기 배'까지 충분히 채우는 기쁨을 누릴 수 있도록 이끌어주세요.

자기 실수를 스스로 돌아보도록

둘째 아이는 어릴 때 자신이 무언가를 잘못한 경우 미리 문자 메시지로 알려주곤 했습니다. 엄마의 분노 강도를 줄이는 방법을 아이가 스스로 알고 있었던 것이지요. 한번은 이런 메시지를 받았습니다.

"엄마, 친구들과 놀이공원에 다녀오는 길에 지하철역에서 휴대전화 케이스가 예뻐서 샀어요. 그런데 아무래도 돈을 낭비한 것 같아요. 용서해주세요. T.T"

그 순간에는 '짜아식, 뭐 용돈으로 샀으면 그럴 수도 있지. 귀엽군' 하고 지나쳤는데 집에 돌아와 보니 무려 2만 원짜리였습니다.

초등학생 아이가 쓰기에는 큰돈인 데다가 평소에 돈을 잘 쓰지 않았던 터라 놀랐습니다. 하지만 놀라움을 감춘 채 한두 호

흡 뒤에 어떻게 된 일인지 물어봤습니다. 같이 몰려다니던 친구들이 부추겨 얼떨결에 사버렸다더군요. 그날따라 아이의 수중에 돈이 많기도 했고요.

아이는 정말 실수였다고 용서해달라면서 스스로 2주간 용돈을 반납하겠다고 했습니다. 사실 저는 좀 놀라긴 했지만 크게 개의치 않았는데, 아이는 스스로에 대해 화가 많이 났었나 봅니다. 비싼 돈을 주고 산 휴대전화 케이스가 비실용적인 것도 한몫했고요. 만족스럽지 못한 충동구매 결과에 본인이 더 화가 난 것이지요.

만약 제가 아이의 이야기를 들어주지 않고 잘못부터 먼저 지적하며 다그쳤다면 아이는 스스로 반성할 수 없었을 것입니다. 아이들도 다 알고 있습니다. 무엇이 옳고 그른지를 말입니다.

아이들은 크고 작은 실수나 잘못들을 합니다. 그때 아이의 의도와 상관없이 눈앞의 결과로 나타난 문제에 부모가 흥분하여 무턱대고 소리 지르고 혼을 내서는 안 됩니다. 그러지 않고 부모보다 더 놀라고 겁먹었을 아이의 마음을 어떻게 풀어내느냐에 따라 자기 실수나 잘못에 대처하는 아이의 대응 방법이 천지 차이로 달라집니다. 아이가 실수하거나 잘못했을 경우 "어떻게 하다가 그렇게 된 거야?"라고 위협적이지 않은 톤으로 차분하게 물어주세요.

그렇게 아이의 의도와 과정에 대해 먼저 묻는 질문으로 부모는 그저 아이가 스스로 깨달으며 성장할 수 있도록 방향만 알려주면 됩니다. 그다음은 아이의 몫이지요.

사랑받고 싶다는 반어적 표현

반항적이고 공격적인 행동을 보이는 아동 중 상당수가 내면에 공포와 불안을 가지고 있습니다. 타고난 것일 수도 있고 상처받은 경험 때문일 수도 있지만, 확실한 점은 자신이 다칠 것이라는 두려움으로 상대방에게 선제공격을 한다는 것입니다. 어른들이 그 불안을 파악하고 어루만져줘야 합니다.

상대방에 대한 분노는 사랑받고 싶은 욕구를 거절당한 데 대한 좌절의 표현 중 하나입니다. 분노의 감정을 무조건 억눌러 겉으로는 순해 보이는 아이들보다는 반항성이나 공격성으로라도 표현하는 아이들이 차라리 나은 것이지요. 그런데 어른들은 겉으로 드러나는 표현만 보고 아이를 혼냅니다. "나는 사랑받고 싶어요. 제발 사랑해주세요"라는 표현에 강한 처벌로 대응하는 격이니 아이의 분노는 눈덩이처럼 더 커질 수밖에요.

아이의 분노에 부모의 분노로 계속 맞불을 놓으면 '적대적 반항 장애(자주 흥분하고 쉽게 화내며, 어른들에게 따지기 좋아하고 규칙을 거부하며, 자기 잘못을 다른 사람 탓으로 돌리면서 악의적이고 보복적인 태도를 보이는 정도가 심각하고 지속적인 행동 장애)'로 악화할 수 있습니다. 두세 살 아이의 떼쓰기나 청소년의 사춘기 반항은 정상적인 모습이지만, 이는 그와는 다릅니다. 일상적 생활 기능의 손상을 초래하기 때문이지요.

아이가 자신이나 타인이 다칠 수 있는 수준의 공격적이고 폭력적 행동을 할 경우, 그 행동 자체에 대해서는 단호하게 제한을 하고 훈육해야 합니다. 하지만, 가장 바람직한 훈육은 부모가 자신을 사랑한다고 아이가 확신하도록 만드는 것입니다. 일상의 사소한 실수나 잘못들은 너그럽게 넘어가면서 아이의 긍정적 행동에 더욱 관심을 쏟고 칭찬해주세요.

맞는 도중에 웃었다는 이유로 더 맞았다는 아이가 있었습니다. 그 아이의 웃음은 공포를 희석하려는 거짓 웃음입니다. 반성의 기미가 보이지 않는다는 것을 어찌 그 웃음만으로 규정할 수 있을까요? 눈치 빠르게 두려움에 질린 표정을 짓는 아이보다 그것조차 못 하는 아이가 더욱 보호돼야 하는 이유입니다.

화가 나서 방문을 열지 않는 아이에게는?

저녁 시간에 테니스공을 벽에 계속 튕기며 밥을 먹는 아이에게 "식탁 위 음식에 공이 떨어질 수 있어. 그만하고 공을 방에 갖다놓고 와!"라며 언성을 높여 화를 냈습니다. 아이가 급 시무룩해져서 방에 들어가서 문을 굳게 잠근 후 나오지 않더군요. 저는 아이 방 앞에 서서 말했습니다.

"미안해. 엄마가 오늘 스트레스가 많아서 너한테 너무 크게 소리를 질렀구나. 이제 나와서 밥 마저 먹자."

그런데도 아이는 방안에서 아무 대꾸도 없이 저와 계속 기 싸움을 이어갔습니다. 저는 다시 조용히 말했습니다.

"엄마가 다시 한 번 사과할게. 그리고 엄마는 네가 방에서 나오기를 기다릴 거야. 네 기분은 이해하지만, 계속 방문을 잠그고 나오지 않는 건 너에게도 별 이득이 없을 것 같구나. 잘 생각해보고 나와서 어서 밥 먹자."

6~7분이 지나자 방문이 열리면서 아이가 멋쩍은 표정으로 나왔습니다. 그러더니 식탁에 앉아 밥을 마저 신속하게 먹더군요.

부모는 감정 조절이 안 되는 아이에게 우선적으로 공감해줘야 합니다. 그래야 아이의 감정 뇌가 안정되니까요. 그러기 위해서는 부모가 잘못한 부분은 신속하게 사과하는 것이 선행되어야 합니다. 그 후에도 아이가 지속적으로 부모와 기 싸움을 벌인다면 아이에게 자기 행동이 어떤 결과를 초래할지 그 결과를 예측하도록 도와줘야 합니다. 몇 셀 때까지 문을 여니 마니 하면서 괜한 문짝만 망가뜨리지 마시길 바랍니다.

고집 센 아이의 속마음

 고집이 세고 융통성이 떨어진다는 것은 기존의 틀을 벗어나면 큰일이 벌어질까 불안해한다는 의미입니다. 사실은 별일이 없을 터인데 낯선 것에 대해 괜히 거부하고 변화에 대해 울렁증이 생기는 아이들이 있습니다. 만약 내 아이가 그렇다면 그 불안을 이해하고 안심시키는 전략을 세워야 합니다. 그래야 기존의 틀에서 더욱 편하게 벗어날 수 있고 유연해집니다.
 예를 들어, 잠들기 전에 좋아하는 노래 몇 곡을 자신이 정한 순서대로 듣지 않으면 극도로 불안해하며 화를 내는 아이가 있습니다. 그럴 경우 고집 피운다고 아이를 다그치는 부모와 그 불안을 이해해주고 조금씩 순서를 변화시켜보려는 부모가 있지요. 물론 아이의 정한 순서에 맞춰서 모두 응해주기만 하는 부모도 있습니다. 어떤 태도가 가장 바람직할까요. 당연히 아이의 불안을 일차적으로 공감해주면서 순서를 변화시키는 것에 대해 차츰 익숙해지도록 시도하는 전략이 가장 바람직합니다. 융통성이 부족하고 변화를 거부하는 아이에게는 자신이 정해놓은 틀에서 조금 벗어난다 해도 별 일이 안 생긴다는 것을 반복적으로 경험하게 해주는 것이 중요합니다.

큰아이가 동생을 괴롭히면

동생이 태어나서 온 가족의 관심이 쏠리면 큰아이가 자꾸 동생을 꼬집고 때리는 일이 일어나곤 합니다. 말려도 그때뿐이고, 부모가 눈을 돌리면 또 그런 행동을 하고요. 두 아이 이상을 둔 부모들이 많이 토로하는 고민입니다.

그런데 사실 큰아이의 입장에서는 전형적인 반응입니다. 너무 당연한 반응이지요. 첫째의 마음속에는 가족의 사랑을 다 잃은 것 같은 절망감이 가득하니까요. 둘째를 보호하려고만 애쓰지 말고, 첫째의 상실감과 속상함을 이해해서 더욱 사랑해줘야 해요. 동생을 보는 일이 큰아이에게는 버림받을 것 같은 두려움을 줍니다. 더 많이 놀아주면서 동생과 상관없이 너를 변함없이 사랑한다고 애정 표현도 충분히 해줘야 합니다.

동생이 다칠 수 있는 꼬집고 때리기에 대해서는 엄격하게 훈육하되 그 외의 행동들, 예를 들어 말이 늦는 것, 보통 아이들에 비해 떼를 많이 쓰는 것, 소변을 자주 보거나 가끔 지리는 것, 잘 무는 것 등에 대해 체벌하는 것은 좋지 않습니다. 동생을 본 후 나타나는 아이의 정서와 행동 변화에 민감하게 대처할 필요가 있습니다.

외출만 하면 아이에게
자꾸 연락이 온다고요?

　외출만 하면 얼마 지나지 않아 아이에게서 자꾸 문자나 전화가 온다는 엄마가 있었습니다. 언제 들어오느냐는 것이지요. 아이는 아주 어리지도 않아서 곧 학교에 들어갈 나이이고, 혼자 두는 게 아니라 아빠나 할머니와 함께 있는데도요.

　수시로 엄마에게 전화해서 언제 들어오느냐고 확인하는 아이의 행동은 엄마를 좋아해서라기보다는 엄마와의 관계가 불안한 것으로 보는 편이 더 맞습니다. 집착은 불안에서 기인하는 것이지요. 연인 사이의 신뢰 척도를 부재 시에 측정할 수 있듯이 엄마와 아이 사이의 신뢰 역시 떨어져야 하는 상황에서 파악됩니다. 학교 입학을 앞둔 아이가 여전히 엄마 옆에 껌처럼 붙어 있고 바깥세상을 탐색하기를 꺼린다면 엄마에 대한 믿음이 아직은 견고하지 않다는 의미입니다.

이런 상황에서는 아빠나 할머니가 곁에 있어준다고 해도 크게 나아지지 않습니다. 두 사람 사이의 연결이 튼튼하지 않은데 어찌 제삼자가 끼어들 수 있을까요? 어찌 다른 세상을 자유로이 탐색할 수 있을까요? 성장해가면서 연인 관계나 친구 관계 또한 건강할 리가 없을 겁니다. 아이의 불안한 마음부터 다독여주세요.

아이에게 "왜 자꾸 전화하냐? 그만 확인해라"라고 말하는 것보다 "○○이가 엄마가 안 보이면 걱정되는구나. 엄마는 안 보이는 곳에서도 ○○이를 항상 생각해. 엄마가 일 마친 후 1시간 후 돌아올 테니 기다려줄래?"라고 해보세요. 그리고 돌아와 잘 기다려준 아이를 인정하고 한껏 칭찬해주세요.

부모와 분리 불안이 있는 아이의 확인 행동을 혼내고 다그치는 것은 오히려 아이의 불안을 증폭시킵니다. 아이 입장에서 과도하게 불안하다는 것을 부모가 충분히 이해해주고 구체적으로 언제 만날 것이라고 설명해주세요. 그리고 잘 견딘 아이에게 충분히 칭찬을 해주시기 바랍니다.

아이는 정말로 스마트폰이
가지고 싶은 걸까?

아이가 어릴 때 막 출시된 스마트폰을 가지고 싶다면서 엄마에게 온갖 협박 아닌 협박과 타협을 시도한 적이 있습니다.

"나만 우리 반에서 스마트폰이 없어서 창피해. 친구들이 자기 폰 자랑하는데 나는 대화에 낄 수가 없어. 힝…."

"엄마, 스마트폰 있어도 공부 안 하고 그러진 않을게요. 하나 사주시면 안 돼요?"

뭐 대략 이런 말들로 말이죠.

아이의 말에 왜 그렇게 속으로 웃음이 나는지, 웃음을 참느라 혼났습니다. 그래, 졌다, 생각했지요. 그 정도로 조리 있게 자신의 의견을 이야기하는 것을 보니 조금 믿음직스러워 보였달까요? 응원해주고 싶었습니다.

"그래, 그렇게 네 힘을 보여주면 되는 거야. 속으로만 억울하다고 씩씩 대지 말고. 잘했어!"

하지만 결국 아이는 엄마의 이야기를 끝까지 듣고 스마트폰에서 MP3 플레이어로 자기 욕구를 하향 조정했습니다.

어떻게 설득했을까요? 아이가 스마트폰이 생각보다 필요하지 않다는 것을 스스로 깨닫게 만들었죠. 아이가 진짜 필요해서가 아니라 친구들이 갖고 있기 때문에 그저 부러웠을 뿐이었습니다. 스마트폰이 있으면 제일 하고 싶은 게 뭔지, 그것이 없어서 불편한 것이 뭔지에 대해 충분히 이야기를 나눴어요. 스마트폰이 없으면 정말 친구들에게 무시당하는 것일까에 대한 이야기도 나눴습니다. 실제로 반에 스마트폰을 갖고 있는 아이는 매우 소수라는 것도 알게 되었습니다. 이런저런 대화를 통해 아이가 정말 필요한 것은 본인이 원하는 노래들을 모아놓고 듣고 싶은 것이라는 것도 확인했죠. 이런 대화를 통해 자신의 욕구를 조정해준 아이가 진심으로 고맙고 대견했습니다.

"엄마는 네가 당장 만족하는 것보다 궁극적으로 행복해지는 것이 더 중요해."

다른 아이들은 다 가지고 있다는 스마트폰을 어찌 안 사주겠느냐며 난감해하는 부모가 많습니다. 그런 분들은 한번 자신을 들여다보세요. 스마트폰이 없다고 아이가 무시당할까 두려운 마음이 사실은 부모에게 있는 것은 아닌지 말입니다.

아이가 게임에 빠지는
이유는 따로 있다

　요즘 부모들은 컴퓨터 또는 스마트폰 게임에 너무 빠져드는 아이 때문에 근심이 많습니다. 아이의 폭력적인 성향도 게임이 부추기는 것 같아서 걱정스럽다고들 합니다. 집 안에서는 게임을 못 하도록 어떻게든 막을 수 있지만, 집 밖에서 몰래 하는 것까지 막을 수는 없으므로 아이가 게임을 끊게 할 방법을 묻는 부모들이 많습니다.

　아이가 게임에 지나치게 몰입하고 그러지 않을 때는 긴장·불안·우울증 같은 금단증상을 보인다면, 스스로 게임을 그만두려는 등 조절하려고 시도했으나 실패했다면, 게임 때문에 다른 취미 활동에 대한 흥미를 잃어버렸다면, 그래서 일상생활에 심각한 지장을 받을 정도라면 게임 중독입니다. 게임 중독도 질병이므로 적극적인 치료를 받아야 합니다. 아이 자신의 의지만으로 쉽게 조절할 수 있는 문제가 아니에요. 아이가 더 이상 게임에 의존하지 않도록 도와줘야 합니다.

그런데 여기서 짚고 넘어갈 것이 있습니다. 게임 중독이 문제가 되는 것은 게임도 알코올이나 흡연처럼 뇌의 도파민 보상회로를 바꾸어 즉각적인 보상을 원하고 충동적인 경향을 보이는 뇌로 변할 수 있기 때문입니다.

문제없었을 아이가 폭력적인 게임, 만화, 영화로 인하여 폭력적으로 변할까요? 폭력물에 쉽게 빠지고 현실에서 행동화하는 아이에게 폭력물은 원인이 아니라 결과입니다. 아이의 두뇌가 왜 폭력물에 끌리는지가 핵심이지, 폭력물이 핵심은 아닌 것입니다.

폭력물을 옹호하는 의미는 전혀 아닙니다. 아이의 공격성이나 폭력적인 행동의 원인을 단순히 외적인 것에서만 찾으려 하면 될까요? 아이가 왜 그런 자극적 선택을 하는지에 대한 해답은 그리 간단치가 않거든요. 그것은 타고난 두뇌가 어떻게 가꿔지느냐에 달려 있습니다.

진료 현장에서 제가 만나는 게임 중독 환자는 대부분 그 바탕에 선행 문제를 가지고 있습니다. 자기 조절력 결여, 우울증, 대인 관계 문제, 부모 감독 부재 등이 포함됩니다. 게임은 현실로부터의 도피처인 경우가 많습니다. 즉 게임 중독 자체는 이차적

현상이므로 무조건 게임을 못 하도록 아이와 반목하는 것이 먼저가 아니라 기저의 선행 문제를 파악하고 해결하는 것이 먼저입니다. 아이가 왜 게임 속으로 자꾸만 도망치려는지 그 마음을 세심하게 먼저 들여다보세요.

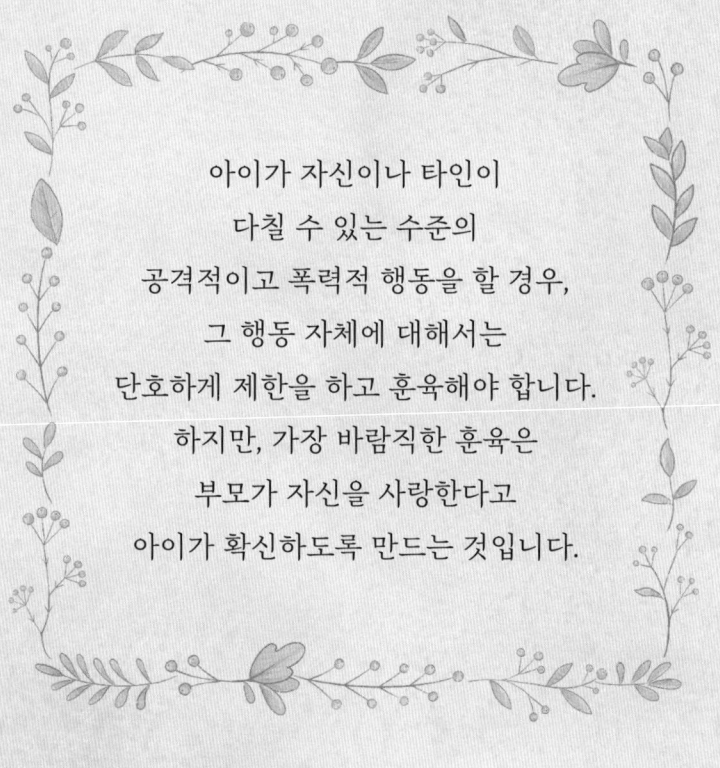

아이가 자신이나 타인이
다칠 수 있는 수준의
공격적이고 폭력적 행동을 할 경우,
그 행동 자체에 대해서는
단호하게 제한을 하고 훈육해야 합니다.
하지만, 가장 바람직한 훈육은
부모가 자신을 사랑한다고
아이가 확신하도록 만드는 것입니다.

행동과 옷차림을 훈육할 때

　아이들 사이에서 친구의 영향력은 참 대단하지요. 특히 청소년기는 소속감을 유지하는 게 매우 중요한 시기여서 친구들이 하는 행동이면 나쁘다는 것을 알아도 매력적으로 느껴져 그 행동을 따라 하려는 성향이 강합니다. 이 시기에는 그런 유혹에 넘어가지 않으려는 절제력, 그리고 자신과 다른 친구를 이해하는 능력이 절실하지요.

　또래 문화에 적응하기 위해 욕을 섞어 말하지 않을 수 없다는 한 아이의 이야기를 들은 적이 있습니다. 그렇게 하지 않으면 반 아이들과 대화하기가 힘들다는 것이지요. 아이들의 행동과 옷차림에 대해 무조건 걱정하기보다는 아이들이 왜 그럴 수밖에 없는지, 그들의 문화를 이해하려는 노력을 먼저 해야 할 것입니다.

　부모는 청소년기 아이의 옷차림이나 헤어스타일, 말투, 신조어 사용 등에 대해서는 관대할 필요가 있습니다. 반면, 타인에게 불쾌감을 주는 공격적인 언행, 최근 유행처럼 번지고 있는 자해 행동, 술이나 담배 등과 같이 건강을 해치는 행동들에 대해서는 부모가 관리감독하고 아이의 행동을 절제시키는 역할을 반드시 해야 합니다.

왜 거짓말하는지부터 파악할 것

아이들이 거짓말을 하는 원인은 다양합니다. 무조건 혼내지 말고 자초지종을 잘 들어봐야 합니다. 임기응변식 거짓말이 반복된다면 주의력결핍 과잉행동장애 ADHD와 관련이 있을 수 있습니다. 순간적인 충동성을 이기지 못한 것에서 기인하기 때문입니다. 이럴 경우, 부모가 아이를 추궁하고 혼내기보다는 왜 그러는지 파악하고 그 원인을 치료해야 합니다.

아이가 거짓말을 일삼는 모습에 그런 행동은 때려서라도 버릇을 고쳐야 하는 것이 아니냐고들 하십니다. 그러나 충동이나 두려움과 관련된 감정이 그렇게 표현되기도 합니다. 아이의 불안을 치료해야 문제 행동들도 없어지지요. 때리거나 위협하거나 윽박지르는 행동 등은 불안을 더욱 강화하여 또 아이로 하여금 거짓말을 하게 만듭니다.

특히 두려움이 큰 아이는 순간의 위기를 모면하기 위해 거짓말을 하는 경우가 많습니다. 그런 아이는 공포 분위기가 조장되면 더욱 거짓말을 하게 됩니다. 그러므로 안 그래도 두려워서 거짓말한 아이를 몰아세우거나 협박하면 오히려 역효과가 날 수 있습니다. 겁을 먹지 않게 하면서 혼을 내는 기술이 필요합니다. 관대한 태도로 아이를 안심시키며 솔직히 얘기하더라도 무서운 결과가 생기지 않을 거라고 믿게 해줘야 하지요.

아이가 거짓말을 하면 지능적이라며 그 교묘한 의도에 화가 나서 심하게 혼내는 부모가 많습니다. 그러나 동물도 자신을 보호하기 위해 위장을 하고, 생존하기 위해 거짓 울음소리를 낸다 하지요. 아이의 거짓말도 그 같은 절박함에서 나오는 것입니다. 두려움이 큰 아이들의 특성이지요.

거짓말을 하게 된 원인을 제대로 파악하지 않은 채 혼을 내서 아이의 버릇을 고치겠다는 식으로는 절대 해결되지 않습니다. 부모가 진실을 알더라도 공포스러운 일이 생기지 않을 것이라는 믿음이 아이에게 쌓여야 거짓말이나 거짓된 표현을 포기하게 됩니다.

아이가 숙제를 아직 안 했다고 말했을 때 "아직까지 숙제도 안 하고 여태 뭐 했어?"라고 윽박지르기보다, 솔직하게 얘기해줘서 고맙다고 먼저 말한 후 숙제를 미리 하는 것이 얼마나 중요한지 말한다면 어떨까요?

　적어도 숙제를 안 해놓고서 다했다고 거짓말하지는 않을 것입니다.

내 아이가 학교 폭력 가해자라면

『우리들의 일그러진 영웅』(이문열)의 엄석대처럼 교묘한 방식으로 다른 아이들에게서 이득을 갈취하며 군림하는 아이가 있습니다. 더 심각한 것은 그것이 얼마나 부당한지에 대한 죄책감이 없다는 것입니다. 겉으로 보이는 리더십 이외에 측은지심과 타인에 대한 배려심 함양 교육이 절실합니다.

상습적으로 폭력을 당한 피해자들은 폭력에 무뎌져 폭력을 정당화하고 '문제 해결 수단'으로 쉽게 선택하여, 타인이나 약자에게 폭력을 가하는 데 죄책감이 없는 반사회적 인격 장애로 진행될 수 있습니다. 아니면 내 힘으로는 어찌할 수 없다는 무기력감과 절망감으로 극심한 우울증에 빠지기도 합니다. 아직 성장 중인 아이에게는 둘 다 치명적입니다.

저는 진료 현장에서 피해 청소년 못지않게 가해 청소년을 많이 만납니다. 피해자가 될까 불안하고 두려워서 가해 집단에 먼저 들어가 소속감을 얻으려 한 아이, 반에서 교묘히 따돌림을 당하다가 따돌림 주동자를 면도칼로 위협하여 폭력 가해자가 된 아이, 아버지의 상습 폭행과 엄마의 만성 우울증으로 인해 학교에 가서 약한 아이들에게 스트레스를 푼 아이, 충동 조절이 안 되어 잘못임을 알면서도 다른 아이를 건드리게 된 아이…….

아이들의 문제는 그 원인이 매우 다양해서 결코 제도적으로만 풀 수는 없습니다. 가해 아이들의 속마음을 들여다보면 사실 가엽고 아픕니다.

실은 위로받고 싶으면서, 실은 관심받고 싶으면서 내가 무너질까 봐 두려워서 아이들은 '사랑해달라는 표현'을 '공격'으로 하지요. 공격적인 겉모습 이면의 실체는 이렇게 연두부처럼 연약합니다. 그 내면을 알아주고 보듬어야 공격의 가면을 벗을 수 있지요.

이런 아이들에게 폭력으로 대응해서는 안 됩니다. 부모가 자식을, 상사가 부하를, 교사가 학생을 폭력으로 제압하겠다는 것은 비윤리적이라는 이상의 의미가 있습니다. 미래에 닥쳐올 엄청난 부작용을 계산하지 못하는 어리석은 결정입니다. 더 무서운 점은 그 부작용을 본인이 초래한 것임을 모른다는 사실이지요.

아이가 기질적으로 감정 조절이 미숙하고 충동에 따라 행동하며 공격 성향을 보인다면 전문가를 찾아가 부모부터 적절한 대처법을 배우고 양육 훈련을 받기를 권합니다. 폭력의 기저에 우울증이 있는 경우도 많습니다. 이를 청소년기 가면우울이라고 하지요. 이 경우는 우울증을 치료받아야 폭력성이 줄어듭니다. 만약 충동성이나 감정조절의 문제가 주증상인 주의력결핍 과잉행동장애 ADHD에서 기인한 것이라면, 약물치료와 행동수정치료를 받아야 합니다. 아이들이 보이는 모든 문제 행동은 기질적 특성과 환경 간의 상호작용으로 형성됩니다. 겉으로 보이는 아이의 문제 행동 이면의 원인을 제대로 파악하고 대처하는 것은 결국 부모의 몫입니다.

집중력이 떨어지면
주의력결핍 과잉행동장애일까?

친구의 바지를 벗겨가며 장난을 치고 돈을 뺏는 등 나쁜 행동을 일삼아 학교에서 사회봉사 명령을 받은 동시에 정신과에 의뢰됐던 중학교 1학년 아이가 있었습니다. 3년이 지난 후에는 그런 행동을 전혀 하지 않는, 꿈 많고 의젓한 청소년으로 성장하여 전문고교에 진학했지요.

중학교 신입생이었던 아이가 저를 처음 찾은 날, 그 아이는 무엇을 잘못했는지도 잘 모르는 듯 순진하고 겁이 많아 보였습니다. 아이에게 조절이 잘 안 되는 충동 문제가 있음을 간파한 담임선생님은 보호자에게 강력히 소아정신과 상담과 치료를 권유했고, 이를 받아들인 부모가 아이를 저에게 데려온 것이었습니다. 아이는 경미한 지적 능력 저하와 주의력결핍 과잉행동장애 ADHD를 지니고 있었습니다.

그 아이와 부모는 3년 동안 치료를 포기하지 않고 열심히 내원했습니다. 부모와 치료를 의뢰해준 담임 선생님, 그리고 아이의 회복력이 있었기에 3년이 지난 후 그 아이는 미래를 꿈꿀 수 있었던 것이지요. 아이를 포기하지 않는다면 이렇게 많은 변화가 찾아옵니다. 에너지를 적게 들이고 해결하려 하거나 포기해버리는 것이 문제지요.

ADHD 아이는 실행 기능(작업 기억력(머릿속으로 들어오는 정보들을 일시적으로 기억하여 각종 인지 과정을 통해 계획을 세워 우선순위를 정하고 실제로 수행해내는 능력), 자기 객관화, 자기 조절 능력 등)을 담당하는 뇌 부위인 전전두엽의 발달이 느립니다. 그 때문에 현저한 집중력 저하, 부주의, 과잉 행동, 충동성 등이 나타나지요.

ADHD 아이의 잘못된 행동에 대해서는 '사후 잔소리'보다 '사전 알림'이 효과적입니다. 타인에게 피해를 주는 행동의 경우에는 미리 아이와 함께 정해놓은 불이익 벌칙을 이행하게 합니다. 그러나 아이가 잘한 행동은 아낌없이 칭찬해주세요. 이때 부모는 아이의 행동들에 대해 일관된 원칙과 태도로 즉각적으로 반응하는 것이 중요합니다.

아이가 산만하고 집중력이 떨어지는 것 같다고 하여 모두 ADHD 때문이라고 할 수는 없으므로 약을 복용하는 데는 신중해야 합니다. 집중력 저하의 원인은 다양하여 정서 불안이나 우울증 때문일 수도 있고, 환경 요인 때문일 수도 있으며, 중년 이후의 성인은 자연스러운 노화 현상에서 기인한 것일 수도 있습니다.

집중력은 좋아하는 일에 몰두하는 능력이 아닙니다. 흥미가 없어 지루하고 하기 싫은 일이라도 견디고 신속하게 완수하는 능력이지요. 아이가 컴퓨터 앞에는 2시간씩 앉아 있는데 수학 공부는 10분도 안 한다면 집중력 문제가 아닌지 한번 점검하길 바랍니다.

보통 학령기 아이들은 집중해야 할 일이 생기면 흥미가 없어도 최소 40분 정도 집중할 수 있어야 합니다.(단, 학령전기 유아들은 15~20분 집중할 수 있음.) ADHD 아이들도 잠깐은 집중할 수 있지만, 사소한 자극에도 몇 분 안 되어 바로 흐트러져 자신에게 주어진 과제를 끝내는 시간이 매우 더디거나 결국 마무리하지 못합니다. 일평생 20점 정도 겨우 완성하고 나머지는 모두 미완성작으로 남겨놓은 레오나르도 다빈치가 바로 ADHD였습니다. 그는 "무엇이라도 네가 완성한 것이 있는지 말해 봐"라고 반복해 끄적이면서 괴로워했지요.

사실 축구건 영화건 그림이건 한 가지에 열정적으로 빠질 수 있는 아이는 찬사를 받을 만합니다. 아이가 당장 학습에 별 관심이 없더라도 뭔가에 몰입할 수 있는 힘이 있다는 것은 큰 잠재력을 지니고 있음을 의미합니다. 성장하면서 때가 되면 언젠가는 빛을 발하리라는 믿음으로 아이의 관심사를 조율하는 것이 바람직합니다.

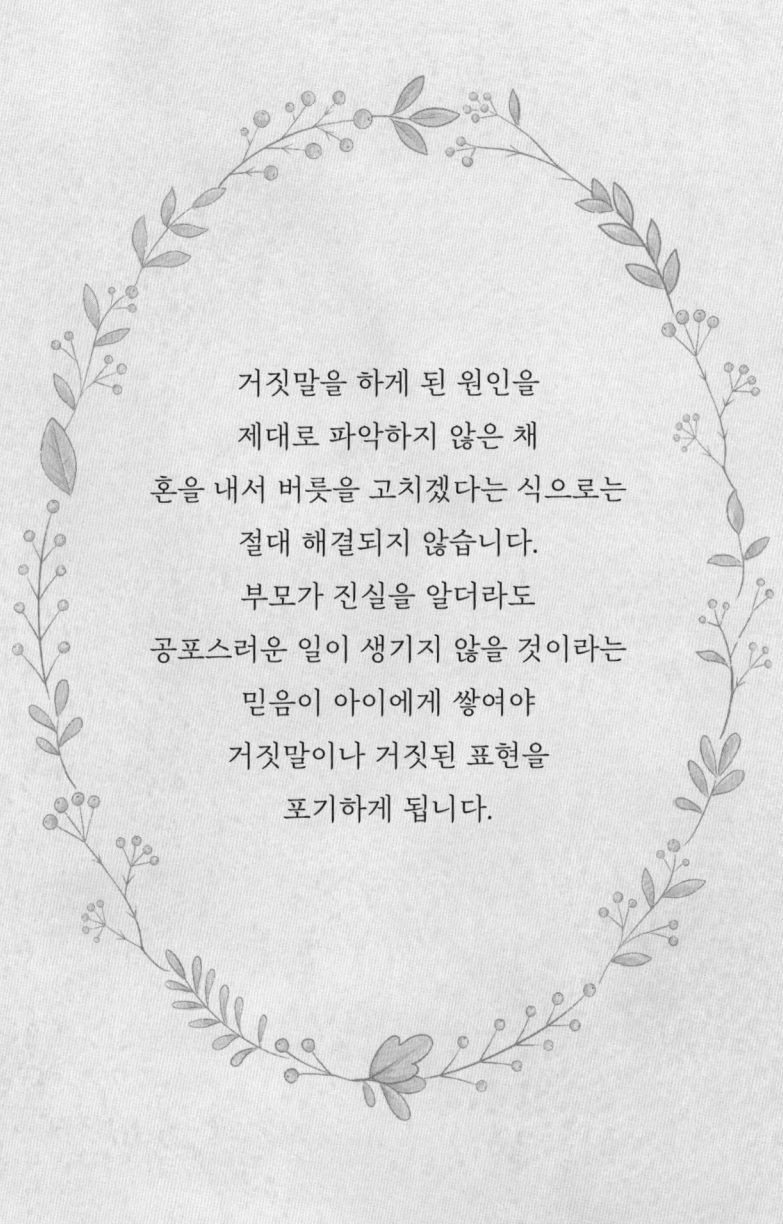

거짓말을 하게 된 원인을
제대로 파악하지 않은 채
혼을 내서 버릇을 고치겠다는 식으로는
절대 해결되지 않습니다.
부모가 진실을 알더라도
공포스러운 일이 생기지 않을 것이라는
믿음이 아이에게 쌓여야
거짓말이나 거짓된 표현을
포기하게 됩니다.

또래와 어울리지 못하고 사차원이라면

아이가 공부는 잘하지만 또래 친구들과 제대로 어울리지 못한 채 독특하고 별난 경우(사차원 아이 같다, '별난 박사'라는 별명이 있다, 특이한 취미가 있다 등), 아이와 대화할 때 조율이 잘 안 되고 학습 능력 사이의 불균형이 심한 경우라면 자폐스펙트럼장애 검사를 권합니다.

'자폐증'이라고 하면 우리는 영화 〈말아톤〉이나 〈레인맨〉의 주인공 같은 전형적 모습만 떠올리지만, 실제 일반 학교에도 자폐스펙트럼장애에 해당하는 아이가 드물지 않게 있습니다. 또래 문화에 속하지 못하고, 은유적 유머·풍자·비언어적 표현(표정이나 몸짓 등) 등에 대한 센스가 떨어지며, 일반적인 의사소통과 상호작용이 잘 안 되고, 독특한 관심사에 집착한다면 한 번쯤은 자폐스펙트럼장애를 의심해봐야 합니다.

자폐증은 부모의 양육 태도 문제에서 기인하는 것이 아닙니다. 가족 유전도가 높은 유전적 원인론을 갖는 신경생물학적 질환입니다. 그렇다고 부모에게서 대물림되는 멘델리언 유전을 따르는 질환도 아닙니다.

지금은 '자폐스펙트럼장애'라는 진단명으로 편입되어 공식적으로 그 명칭이 사라졌으나, 흔히 '아스퍼거 증후군'이라 하면 한마디로 지능과 언어 능력은 정상 수준이나 사회적 상호작용 능력과 소통 능력이 질적으로 떨어지는 경우를 말합니다. 사회적인 눈치가 없으며 별나고, 융통성이라고는 전혀 없이 고지식하고, 자기중심적인 사고를 하는 아이들이죠.

그런 아이는 사고의 유연성이 떨어져 한번 정해진 규칙을 불변의 규칙으로 받아들이고 열심히 지킵니다. 자기는 지키는 규칙을 친구들이 위반하면 스트레스를 받게 되고, 친구들이 규칙을 지키라는 자신의 경고를 받아들이지 않으면 선생님한테도 알리지요. 규칙이 상황에 따라 변할 수 있고, 규칙에도 예외가 있다는 사실을 이해하지 못하기 때문입니다. 친구들 사이에 친하게 주고받는 짓궂은 별명이나 반어적 농담에 대해서도 상대방의 의도를 오해하고 글자 그대로 받아들여 분노합니다. 당연히 친구들 사이에서 따돌림을 당하기가 쉽고, 피해의식과 소외감을 느끼게 됩니다.

그러나 중증도가 심하지 않은 자폐스펙트럼장애의 경우 사회성 및 의사소통 훈련 등을 통해 대인 관계에서 생길 수 있는 문제를 최소화하여 아이가 좋아하는 일을 더욱 잘하도록 도와줄 수 있습니다. 자폐스펙트럼장애 아동은 좀 모자라거나 결핍된 아이가 아니라 그저 '다른' 아이일 뿐이라는 인식으로의 전환이 우리 사회 전반에 필요합니다.

자폐스펙트럼장애로 의심되는 증상들을 나열해보겠습니다. 해당 사항이 많다면 한번 검사받기를 권합니다.

- 매사에 눈치가 없고 은유적인 표현(풍자, 유머, 비언어적 표현)에 대한 반응이 느리거나 그 참뜻을 몰라서 농담과 진담을 구분할 줄 모른다.
- 자기 방식만을 고집하며 융통성이 결여되어 있다.
- 나이에 맞지 않는 관심사가 있고, 또래 관심사에는 영 흥미를 못 느낀다.
- 문어체 같은 어법을 구사하고, 단조로운 억양으로 얘기한다.
- 또래 관계가 어렵고, 절친한 친구가 없다.
- 낯설거나 처음 맞닥뜨리는 상황에서 쉽게 당황하고 엉뚱한 말을 한다.

저는 오래전부터 '자폐'라는 용어 개정의 필요성에 대해 늘 생각해왔습니다. 자폐라는 병명이 가져다주는 사회적 편견과 낙인 때문에 진단과 치료과정에서 부모의 두려움과 좌절이 매우 큽니다. 자폐의 영문명 'autism'은 그리스어 'self'를 뜻하는 "autos"와 "-ism"의 합성어입니다. 한자로 번역된 '자폐(自閉)'라는 용어에 '자기(self)'는 포함되어 있지만 어디에 '닫다'는 의미의 '폐(閉)'는 포함되어 있지 않죠. 과거 '정신분열병'이란 용어가 다양한 전문가들과 함께 수 년 동안 토론 끝에 '조현병'이라는 병명으로 개정된 과정이 있었듯, '자폐'라는 용어도 편견과 낙인을 최소화하고 병의 본질을 더 잘 반영하는 명칭으로 개정이 이루어져야 할 것입니다.

아이가 자해를 반복한다면

청소년기의 우울증은 "나 우울해요"라고 직접 표현하는 경우가 드뭅니다. 오히려 그렇게 표현하는 아이들이 낫습니다. 때로는 우울함을 감추는 행동으로 나타나기도 하지요. 예컨대 등교 거부, 학업처럼 장시간 노력을 들여야 하는 보람보다는 단시간에 즉흥적이고 자극적인 재미만 추구하려는 성향, 반항적인 태도, 음주와 흡연, 비행非行, 폭식, 과다 수면 등으로 표현됩니다.

우울함으로 자살 생각에 빠져 있는 청소년들의 충동성을 부채질하고 자살에 대한 금기를 무너뜨리는 것 중 하나는 우상시하던 연예인이나 유명인의 자살입니다. 막연히 생각하는 것과 실제 행동으로 옮기는 것은 전혀 다릅니다. 그런 사건으로 인해 자살에 대한 생각이 구체화되고, 행동하기까지의 주저함이 약화되는 것이지요. 자살 사건에 대한 언론 보도가 매우 신중해야만

하는 이유도 바로 여기에 있습니다.

    보건복지부의 '2021 자살예방백서'에 따르면 2019년 기준 청소년자살자가 전년 대비 5.9% 증가한 것으로 나타났습니다. 최근 코로나19의 여파로 우울, 무기력을 호소하고 극단적인 선택을 하는 청소년이 급증한 것으로 나타나 자살예방의 필요성이 커지고 있습니다. 2011년 이후 9년째 청소년 사망 원인 1위가 '자살'로 나타나고 있습니다. 청소년 자살은 충동적인 자살이 많다는 게 특징입니다. 자살에 대한 가장 강력한 예측 인자는 반복적인 자살 사고 또는 시도입니다. 부모가 아이의 자살 시도를 그저 우발적이고 단발적인 것으로 여기는 것도 문제입니다.

    자살을 시도한 청소년들 중 40퍼센트는 정신과 치료를 시작조차 않는다고 합니다. 그 이유는 무엇일까요? 아이와 부모가 정신과 치료에 대해 편견과 두려움을 지니고 있고, 아이의 자살 시도가 일회성으로 끝날 것이라고 과소평가하기 때문입니다.

    실제로 자살 시도로 응급실에 실려 온 청소년들에게 입원하여 심층적인 정신과 치료를 받을 것을 권유하지만, 부모가 입원을 거부하는 경우가 적지 않습니다. 설령 그렇게 진료를 받더라도 한두 번 오다가 말지요. 정신과 치료를 낙인처럼 생각하는 분위기가 매우 안타깝습니다. 아이가 자살을 시도한 것은 도움을 요청한 것인데, 부모가 이를 잘 모르는 경우가 많습니다.

순간적인 스트레스로 인해 우발적으로 그런 것이니 다시는 그런 시도를 안 하리라고 믿고 싶어 하지요. 그런 이유로 강력한 입원 권유에도 부모가 동의하지 않는 경우는 더욱 안타깝습니다. 부모와 가족의 적극적인 변화 없이는 아이의 치료에 성공할 수 없습니다.

평소에 자주 죽고 싶다는 말을 하면서 글로 쓰거나, 말수가 급격히 줄어들고 대인 관계를 줄여서 스스로 고립되어가는 등이 청소년의 자살을 예측하는 신호입니다. 자살을 시도한 아이들 중 많은 경우가 죽고 싶어 하지만 동시에 살고 싶다는 신호도 친구나 부모 등 주변에 보냅니다. 주변에서 관심을 가지고 살피면서 전문가에게 연계해준다면 최소한 아이의 극단적인 선택은 피할 수 있습니다.

그런데 자살 시도처럼 손목을 긋는 등 자기 신체에 상처를 내지만 죽고 싶어서 그런 것은 아니라고 말하는 자해 청소년도 최근 몇 년간 급증하고 있습니다. '비자살성 자해'(자살의도가 없는 자해)를 하는 아이들은 대부분 부정적인 감정을 어떻게 다뤄야 할지 모릅니다. 불안한 마음을 떨치고 안도감을 얻기 위해, 대인 관계의 어려움을 해결하기 위해, 나쁜 기분에서 벗어나 좀 더 나은 기분을 맛보기 위해 자기 몸에 고의로 상처를 냅니다.

죽고 싶어서 자해하는 것이 아니라 살고 싶어서, 즉 자해해야 살 수 있을 것 같아서 반복적으로 자해합니다. 그런 아이에게 "그 정도로는 안 죽는다는 걸 다 알면서 왜 일부러 그런 행동을 하니?"라고 비난하거나 "쇼하지 마라"라고 비아냥거려서는 안 됩니다. 또한 비자살성 자해 행동일지라도 사고로 죽음에 이를 수 있는 위험한 행동이므로 자살시도만큼 심각하게 받아들이고 반드시 치료해야 합니다.

자살 의도가 뚜렷하든 그렇지 않든 자해 시도 전에 미리 신호를 보내어 생존한 아이들에게는 그렇게 도움을 요청한 행동에 대해 칭찬하고 격려하세요. 치료 과정에서도 부정적인 감정에 휩싸여 자해 충동이 올라오면 스스로 인식하고 가까운 사람에게 도와달라는 신호를 보내도록 이끌어주세요.

자살을 시도한 아이들에게서 제가 가장 많이 듣는 말은 "제가 스스로 죽겠다는데 왜 죽지 못하게 하나요? 제 권리잖아요. 아침에 눈을 뜰 때마다 '오늘 하루를 또 어떻게 버티지?'라는 생각에 너무 고통스러워요"입니다. 그때마다 저는 이렇게 대답합니다.

"'어떻게 버틸까?'에 대해서는 생각하지 말고 '그냥 버티자'. 네가 생존해 있는 자체만으로도 충분히 가치 있는 일이니까."

Part 4

긍정 육아의 세 번째 원칙
: 일관성

"사랑받는다고 깨닫는 순간,
아이는 달라집니다."

사람의 마음을 움직이는 것은
논리적이고 효율적인 언행이 아니라
진심 어린 정서적 교감입니다.
아이를 달라지게 하고 싶다면
아이에게 감동을 줘야 합니다.
아이가 감동을 받는 순간은,
자기가 잘못을 하긴 했지만 그럴 수밖에 없었던
자신의 취약한 면을 부모가 알아주고 수용하며
도와주고 싶다는 메시지를 전할 때입니다.

부모가 항상 화낸다고 말하는 아이

부모에게는 아이와 좋았던 일도 많고 잘해준 기억도 많은데, 아이는 꼭 혼났던 일이나 맞았던 일 등 나쁜 일들을 특히 잘 기억합니다. 사람의 두뇌가 부정적인 감정에 압도될 때 기억 시스템에 강렬한 영향을 주어서 오래 저장하게 만들기 때문입니다. 같은 사건인데도 사람마다 다르게 기억하는 이유이지요.

아이는 부모가 항상 화를 낸다고 하는데, 정작 부모는 아이에게 별로 화를 낸 적이 없다고 합니다. 누가 옳을까요? 무조건 아이가 옳습니다.

부모는 열 번을 참다가 한 번 크게 화를 냈다고 하지만, 아이는 그 한 번을 깊이 간직하고 몸으로 기억하거든요. 아이의 기억에는 그 사건만 강하게 남기에 결국 부모가 열 번 잘해준 공은 물거품이 되어버립니다.

부모가 자기감정을 잘 조절하여 일관된 방식으로 아이를 대하는 것이 매우 중요한 이유가 바로 여기에 있습니다. 그때그때 부모의 기분에 따라 이랬다저랬다 갈피를 잡을 수 없게 반응하는 것은 좋지 않습니다. 부모의 그런 모습에 아이는 매우 혼란스러워할 것입니다.

아이를 객관적으로 관찰할 수 있다면

부모와 아이를 상담하다 보면 많은 경우에 특별한 기술을 요하는 치료보다는 상식적인 수준에 가까운 진료를 합니다. 그런데도 부모들은 고개를 끄덕이지요. 이를 거꾸로 생각하면 모든 부모는 전문가가 될 수 있다는 이야기도 됩니다. 단지 그 '상식'을 내 아이에게 적용하기가 어려운 것이지요.

부모와 따로 상담하느라 아이를 진료실 밖으로 내보내어 기다리게 하는 경우(초등학생 이상), 열 명 중 아홉의 부모는 자신의 스마트폰이나 태블릿 PC를 건네줍니다. 아이가 특별히 달라고 요청하지도 않았는데 말이지요. 다른 부모가 아이에게 그러는 광경을 목격한다면 어땠을까요? 불필요한 행동임을 금세 인지했을 것입니다. 기다려야 하는 상황이 예상될 때는 가벼운 책을 준비하면 될 일입니다.

치료자가 부모와 다른 점은 사심 없이 객관적인 관찰자가 될 수 있다는 것입니다. 내 앞에서 속을 썩이고 있는 저 아이가 내 아이가 아니라고 생각해보세요. 상식적인 정답이 바로 나옵니다. 참으로 간단한 방법입니다.

사심만 버리면 됩니다.

충분히 사랑받은 아이가 잘 독립한다

부모는 자신이 사랑을 표현하지 않아도 자녀가 그 사랑을 당연히 알 것이라고 생각하지만, 반드시 그렇지는 않습니다. 표현하지 않으면 아이도 알지 못합니다. 반드시 표현해야 합니다. "너를 사랑한다", "너를 정말 사랑한다"라고 계속 말해주면서 감싸 안아야 합니다. 아이의 볼에 쪼옥 뽀뽀도 해주세요. 부모의 사랑을 표현하는 데 아이의 나이는 아무런 상관이 없습니다.

간혹 아이에게 항상 칭찬하고 따뜻하게 안아주기만 하면 아이가 너무 의존적이고 나약하게 자라지 않을까 걱정하는 부모도 있습니다. 그런 걱정은 접어두고, 아이를 향한 사랑에는 인색하지 않으시기를 부디 당부합니다. 부모의 사랑을 충분히 받고 자란 아이가 진정한 독립성을 지닌 아이로 성장하게 되니까요.

성인이 되었을 때 건강한 대인 관계는 그동안 부모와 아이 사이에 탄탄하게 쌓아온 사랑과 신뢰감에서 기원합니다.

아이를 스스로 움직이게 하는 힘

둘째 아이가 갑자기 거실에서 보던 TV를 끕니다. 그러고는 방에 들어가 책 한 권을 가지고 나와 제 옆에 앉아 읽기 시작합니다. 큰아이는 "저는 방에서 읽을게요" 하며 큰 소리로 괜히 알려줍니다.

이게 무슨 상황이냐고요? 아이들이 어릴 때 너무 긴 시간 동안 TV에 빠져 있으면 아무 말 없이 거실로 나와서 아이들 옆에 앉아 책을 읽곤 했습니다. 그러면 신기하게도 5~10분쯤 지나 아이들도 저를 따라 책을 읽기 시작했습니다. 그럴 때마다 저는 아이들은 항상 준비가 되어 있다는 것을 느꼈습니다. 분위기와 환경을 기다리고 있을 뿐, TV만 볼 줄 알고 스스로 책을 읽을 줄 모르는 게 아닌 것이지요.

아이에게 기대하는 모습이 있다면 부모가 먼저 그 모습을 보여줘야 합니다. 특히 평소에 부모가 스스로를 사랑하고 발전시키려 노력하는 모습은 아이에게 강력한 긍정적 영향을 줍니다. 그런 부모의 모습을 보고 배우며 아이는 스스로 움직이기 시작합니다. 부모는 아무것도 하지 않은 채 아이가 달라지기만 바라는 것은 과한 욕심입니다. 아이만 다그쳐서는 달라지지 않습니다.

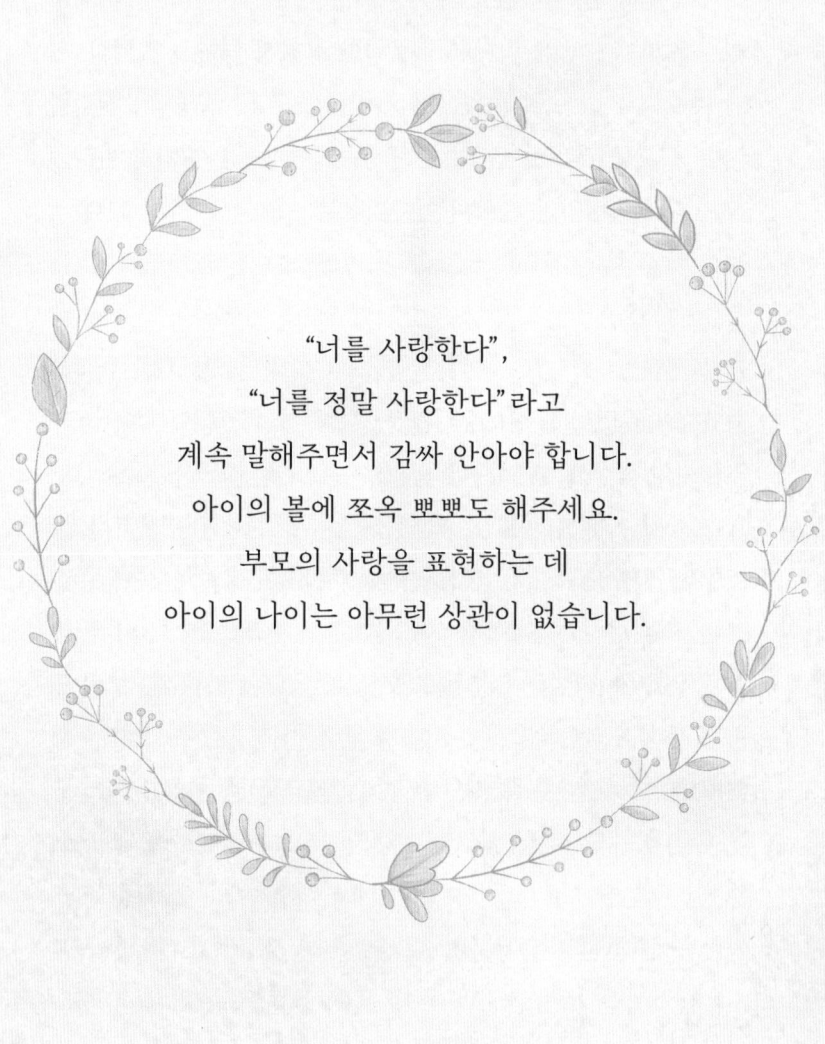

"너를 사랑한다",
"너를 정말 사랑한다"라고
계속 말해주면서 감싸 안아야 합니다.
아이의 볼에 쪼옥 뽀뽀도 해주세요.
부모의 사랑을 표현하는 데
아이의 나이는 아무런 상관이 없습니다.

아이와 협상할 때는
생각해볼 시간을 줄 것

　아이가 어릴 때 새로운 게임 프로그램 다운로드 문제로 48시간에 걸쳐 긴긴 협상을 한 적이 있습니다. 극적으로 타결되어 큰 기쁨을 느꼈습니다. 그때 저는 이틀 동안 생각해보자고 한 후 안 된다는 말은 한마디도 하지 않았습니다. 아이는 엄마가 된다는 말도, 안 된다는 말도 하지 않았으나 자신의 기존 주장을 계속해서는 아무것도 얻지 못할 것을 알게 된 것이죠. 그래서 프로그램은 다운로드받지 않을 테니 온라인상에서만 정해진 시간에 게임을 하게 해달라고 요구를 수정해 말했습니다. 아이가 생각할 수 있게 하고, 기다리게 함으로써 아이가 스스로 바뀔 기회를 만든다는 것을 새삼 깨달았습니다.

　며칠 후 아이가 "엄마는 내가 이만큼 양보한 대신 뭘 줄 수 있어? 내가 딱히 원하는 것이 없는 게 억울해"라고 불평하더군요. 저는 그저 "네가 양보하고 요구를 수정한 태도가 참 대견하다"라고 말해줬습니다. 사실은 속으로 '다 너를 위해서 그러는 건데 억울하기는 뭐가 억울하니?'라고 생각했지만 꾹 참고 말로 뱉지는 않았어요. 만약 그렇게 말했다면 아이와의 최종 협상은 결렬됐을 겁니다.

아이는 이미 다 알고 있다

그런데 아이가 저와의 약속을 어기고 몰래 컴퓨터에 게임을 다운로드해 플레이하다가 들켰습니다. 그날 아이와 진지하게 이야기를 나누었습니다. 화가 났지만 아이를 다그치지 않았습니다. 대신 매우 엄중하게 이야기했습니다. "엄마와의 약속을 어긴 것보다, 네가 몰래 행동했다는 것에 대해 엄마는 더 심각하게 생각한다"라고 말이죠. 아이는 엄마를 속인 행동에 대해 무척 부끄러워하면서 말미에 부탁하더군요. 자신이 아무래도 게임에 빠질 것 같으니 엄마가 바쁘더라도 자기를 좀 감독해달라고, 도와달라고 말입니다.

그날 이후로는 아이에게 일방적으로 지시하기 전에 먼저 묻습니다.

"네가 엄마라면 지금 아이에게 뭐라고 얘기할 것 같아?"

아이가 멋쩍은 미소를 지으며 말합니다.

"뭐, 이제 게임을 그만하고 책을 보라고 하거나 숙제하라고 하겠지."

해결책은 생각처럼 멀리 있지 않습니다. 아이는 이미 다 알고 있거든요. 아이의 말을 듣고, 이렇게 대답해주었습니다.

"네가 그렇게 말할 줄 알았어. 네가 할 일을 너도 다 아니까 엄마가 따로 말할 필요가 없겠구나."

아이와 현명하게 협상하는 기술

　많은 자기계발서가 얘기하는 '협상의 기술'은 사업에서만 필요한 것이 아닙니다. 부모와 자녀 관계, 교육 현장에서도 빛을 발합니다.
　아이와의 타협은 울고 조르는 상황에서만 필요한 것이 아닙니다. 밥을 먹을 때, 물건을 살 때, 놀려고 할 때, 공부를 시킬 때 등 일상 속 사소한 선택의 순간들에서 협상이 필요합니다. 아이들과의 협상은 세상에서 가장 중요하고도 기본적인 협상이라고 생각합니다. 그 과정에서 아이들이 많은 것을 배우니까요.
　24개월이 되면서부터 아이는 문제를 일으키기 시작합니다. 즉, 이때부터 늘 아이와 소통하고 협상하고 타협할 줄 알아야 한다는 의미지요.
　아이가 원하는 것을 우선 생각하고 그 마음을 진심으로 이해하는 것이 옳지만, 모든 것을 아이 뜻대로 즉각 들어주는 것보다 협상하는 과정을 겪게 하는 것이 중요합니다.

앞에서 말했듯이 아이들은 공감받을 때 자신의 요구 사항을 의외로 쉽게 버리기도 합니다. 진정한 협상은 부모의 공감적 태도에서 시작합니다. 아이가 실제 원하는 것이 물건 자체가 아닌 경우가 많습니다. 아이의 요구 사항에 대처하는 부모의 태도가 더 중요합니다.

최신 스마트폰과 같이 값비싼 물건을 강렬히 원하는 아이들이 많습니다. 그런데 그 물건이 의미하는 바가 무엇인지 잘 파악하는 것이 중요합니다. 친구들과 어울리기 위한 수단인지, 친구들에게 무시당하지 않기 위해서인지, 물건 자체보다 부모의 사랑을 확인하고 싶은 것인지 등, 그 물건이 아이에게 어떤 상징을 지닌 것인지 아는 게 중요합니다.

물건을 사달라는 아이 앞에서 무조건 사주느냐, 안 사주느냐를 부모가 바로 결정하지 마시고 자신에게 그것이 얼마나 필요한지를 아이 스스로 따져보게 하세요. 가지고 싶은 물건을 취했을 때의 장단점, 가격 대비 만족도, 활용도 등에 대해서 직접 적어보게 하세요. 그러면 아이는 판단력을 키우고, 물건을 얻기까지 절제하고 기다리는 법을 배우며, 토론의 즐거움도 함께 맛봅니다. 아이는 그런 대화를 통해 부모의 사랑을 느끼고 더 이상 요구하던 물건이 필요 없어지기도 합니다.

  어떤 부모는 성적 향상의 대가로 협상을 벌이기도 합니다. 성적이 오르면 사주겠다, 100점을 받으면 사주겠다는 등 학업 성과에 대한 보상으로 물건을 사주겠다는 약속은 그리 바람직하지 않습니다. 공부는 물건으로 보상받기 위해 하는 것이 아니라 본인 스스로를 위해서 하는 것이니까요.

"안 돼"를 잘 가르치는 법

미운 두 살 아이들을 훈육하기는 참 힘듭니다. 이것저것을 탐색하려고 시도하는 아이에게 부모가 가장 많이 하는 말이 바로 "안 돼!"입니다. 아기가 가장 처음 느끼는 부정적 감정은 엄마와 분리되는 공포이고, 두 번째가 미운 두 살에 "안 돼!"라는 말로 제지당할 때예요. 두 돌 전후로 걸음마가 활발해지면서 여기저기 돌아다니다가 만지면 안 될 것, 먹으면 안 될 것 등등 안 되는 일을 많이 시도하던 중, 부모로부터 "이건 안 돼!"를 처음 듣게 됩니다. 바로 이때가 세상에 내 마음대로 안 되는 것도 있음을 아기가 처음 배우는 순간입니다. 바로 첫 사회화가 일어나는 시기입니다.

하면 안 되는 일을 하려는 아이에게 "이건 안 돼!"라고 명확하게 알려주지 않으면 아이는 세상에 내 마음대로 안 되는 것은 없다고 느껴버립니다. 즉 첫 사회화 관문을 넘지 못하고 실패하게 되는 것이지요. 위험한 일을 하거나 공격적인 행동을 보이는 걸음마 아이에게는 부모가 단호하고 엄격하게 훈육해야 합니다. 안 되는 것에 대해 왜 그런 행동을 하면 안 되는지를 차근차근 알려줘야 합니다. 그 순간 엄마가 머뭇거려서는 안 됩니다.

그렇다고 "안 돼!"를 남발하지는 마세요. 무조건 안 된다고 제한하기보다는 부모가 원하는 올바른 행동으로 이해시켜주는 것이 효과적입니다. 예를 들어, 음식을 던지는 아이에게 "음식을 던지면 안 돼!"라고 말하기보다 "음식을 던지는 대신 예쁘게 접시에 놓자!"라고 대안을 말해주는 것이 좋습니다.

아이가 자신을 다치게 하거나 남을 해할 만한 위험한 행동을 보일 때를 제외하고는 "안 돼!"라는 말은 자제하는 편이 좋습니다. "한번 해보렴. 그리고 어떻게 되는지 결과를 한번 볼까?" 하면서 도전하게 격려하는 것이 낫습니다. 스스로 시행착오를 경험하도록 말이죠.

중요한 것은 "안 돼!"를 말하고 난 이후입니다. 안 된다는 말을 듣고 제지를 당하면 어쨌든 아이의 기분은 좋지 않습니다. 이때 부모가 어떻게 대처하고 얼마나 빨리 회복시켜주느냐가 인성 발달의 기초를 형성합니다. 제지당해 나빠진 아이의 기분을 회복시킨다는 것은 안아주고 토닥이면서 차근차근 안 되는 이유를 아이 눈높이에 맞게 설명해주는 일입니다. 심리적인 에너지가 부족한 부모, 다혈질인 부모, 우울한 부모는 이런 과정을 해내기가 어렵습니다.

꼭 이런 상황만이 아니라 전반적인 육아 과정에서 아이의 기분을 되돌려주고 사랑을 인지시키는 일은 아주 중요합니다. 미소를 짓거나 울음을 터뜨리는 등 아기가 표출한 감정에 부모가 무반응으로 공감해주지 않으면, 자기감정을 공감받지 못한 아기는 눈치가 늘고 불안이 커져 정서적인 뇌가 제대로 작동하지 않게 됩니다. 정서가 불안정하고 혼란스러우면 언어와 인지 발달로도 확장되지 않지요. 이것은 조기교육보다는 돈독한 애착 형성과 정서적 양육이 최우선돼야 하는 이유와도 같습니다.

진심을 전달하는 사소한 방법

둘째 아이는 아주 어릴 때부터 추운 날씨에도 축구를 안 하면 아무런 의욕이 안 생긴다는 말을 입에 달고 살 정도로 축구를 좋아했습니다. 학교 시험이 코앞에 닥쳐도 예외가 없었다는 것이 문제였지요. 축구를 한 주만 쉬자고 말하는 제 마음도 편하지는 않았습니다. 하고 싶은 것을 못 한 채 책상 앞에 멍하게 앉아만 있었던 저의 어릴 적 기억이 떠올랐기 때문이지요.

축구를 쉬자고 하는 순간, 지구가 멸망이라도 할 것 같은 절망적인 표정을 짓는 아이를 보며 어찌해야 좋을까 고민했습니다. 그냥 아이의 마음을 모르는 척 내버려두는 것도 방법이겠지만, 엄마인 제 입장과 마음을 아이에게 보여주고 싶었습니다. 그래서 아이의 마음을 공감하면서도 축구를 일주일간 쉬도록 할 수밖에 없었던 제 마음을 편지로 써놓고 출근했습니다. 안타까운 엄마의 마음을 아이가 조금은 알아주길 바라면서 말입니다. 편지 내용은 대략 이랬습니다.

"홍승아, 축구 한 주 쉬어서 너무 속상하지? 엄마도 네가 속상해하는 모습을 보니 마음이 너무 아프다. 축구를 하지 않으면 공부에 집중할 수 없다는 네 말도 충분히 일리가 있어. 하고 싶은 것을 못하면 화가 나니 당연히 그럴 수 있지. 근데 살다보면 더 중요한 일이 있을 때 당장 하고 싶은 것을 잠시 미뤄야 하는 상황이 생긴단다. 시험 다 마친 후 아이들과 편안한 마음으로 즐겁게 축구를 하는 모습을 상상해보면 어때? 엄마는 네가 우선적인 일을 위해 당장 하고 싶은 것을 견뎠다는 뿌듯함을 느끼길 진심으로 바란다. 사랑해!"

부모가 먼저 불안해져서는 안 된다

아이의 인내심을 논하기 전에 부모가 먼저 인내해야 합니다. 아이가 무언가를 하고 있지 않으면 불안한 부모는 자기 불안부터 해결해야 합니다. 잘 노는 아이에게 기뻐하고, 놀 시간이 생겨도 신나게 놀지 못하는 아이를 걱정해야 합니다. 아이의 뇌는 빈둥거리면서 놀 때 충전되니까요.

아이의 특정 행동으로 인해 느껴지는 그 불안만 잘 다스려도 훌륭한 부모가 될 수 있습니다. 보통 불안은 대부분 부모 자신의 내면 어딘가에서 비롯된 것입니다. 그런 불안이 내재된 상태에서 아이를 대한다면 그건 분명 아이를 위한 반응이 아닙니다. 어린 시절에 해결되지 않은 자신의 갈등이나 열등감을 아이를 통해 해소하고 충족하려 하니, 궁극적으로는 아이를 위하는 것이 아니라 부모의 욕구를 해결하려는 반응인 것이지요.

예를 들어 강박적인 완벽주의 성향의 엄마는 모든 것이 제자리에 있지 않거나 자신이 계획한 시간 내에 일을 마치지 못하면 불안해집니다. 그게 아이한테도 고스란히 영향을 미치지요. 자기 틀 안에서 아이를 판단하니 느슨한 아이의 모습을 더욱 견딜 수가 없게 되고요.

결국 아이와 많은 갈등을 겪을 것입니다. 이런 경우에 도움을 받아야 할 대상은 아이보다는 엄마일 가능성이 높습니다.

자신의 진짜 모습을 알아야 변할 수 있다

툭툭 내던지는 말속에 가시 돋친 핀잔을 섞어 아들에게 상처를 주는 아빠가 있었습니다. 아빠는 그런 자신의 모습을 잘 인식하지 못했습니다.

제가 아무리 그런 태도를 알려주고 교정하려 해도 잘 받아들이지 못하고 반항적인 아들 탓만 해오셨죠.

그 아빠가 달라진 것은 바로 자기 모습을 직접 목격한 덕분이었습니다. 아이와 함께 참가했던 아빠 캠프에서 일상생활 CCTV를 촬영했는데 그것을 우연히 보게 되었던 것이지요. 자신이 아들에게 무심코 내뱉는 말들에 스스로 충격을 받았다고 고백하시더군요. 담담하게 얘기하는 아빠의 표정은 무척 평온했습니다.

자신을 객관화해서 바라보는 것은 참으로 쉬운 일이 아닙니다. 자기 문제가 무엇인지 알고 싶다고 찾아온 부모들조차 그 문제를 받아들이고 변화하기까지는 녹록하지 않은 과정을 겪습니다. 결국 변화는 자기 노력을 바탕으로 가능한 것이지, 남의 말과 조언으로 이루어지는 것이 아니기 때문입니다.

스스로 자기 중심의 관점에서 벗어나 제삼자의 관점으로 자기 모습을 바라보고 객관적으로 변화하도록 도와줄 수 있는 사람은 대단히 훌륭한 심리 치료자도, 지혜롭고 감동적인 말들로 깊은 울림을 주는 멘토도 아닙니다. 결국 자기 자신뿐이지요.

아이의 특정 행동으로 인해 느껴지는
그 불안만 잘 다스려도
훌륭한 부모가 될 수 있습니다.
보통 불안은 대부분 부모 자신의
내면 어딘가에서 비롯된 것입니다.
그런 불안이 내재된 상태에서
아이를 대한다면 그건 분명
아이를 위한 반응이 아닙니다.

마음속으로도 아이를
한심하게 여기지 말 것

"어머, 얘 좀 봐. 내가 언제 너를 비꼬았다고 그러니?"라며 아이에게 윽박지릅니다. 같은 사건에 대해 부모가 기억하는 내용과 아이가 기억하는 내용이 다를 때가 있지요. 그러나 누구의 기억이 맞는지 가리는 것이 그리 중요한 일은 아닙니다.

아이가 그렇게 느꼈다는 자체가 중요한 것이죠. 아이는 무조건 옳습니다. 왜곡된 기억이든 아니든 부모가 무언중에 드러낸 태도와 눈빛에 아이의 기분이 나빴을 수 있기 때문입니다. 사실 여부를 가리느라 싸우지 마세요. 사실이 무엇인지는 그리 중요하지 않습니다.

혹시 부모의 마음속에 아이를 한심하게 여기는 속내가 있었던 것은 아닌지 먼저 들여다보십시오. 아이는 부모의 체념과 한

숨, 표정과 말투를 온몸으로 느낍니다. 부모는 자신이 내던지는 무언의 몸짓언어를 모르고, 아이는 그 메시지에 더욱 상처를 받아 기억 깊숙한 곳에 오래 간직합니다. 그러므로 부모는 기억하지 못하는 것을 아이는 강렬하게 기억할 수 있는 것입니다.

네가 옳다, 내가 옳다며 아이와 실랑이하지 마세요. 중요한 것은 아이가 느낀 것에 진심으로 공감하고 더 마음 다치지 않게 보듬어주는 일이니까요.

잘못은 직접적인 지적 대신 간접적으로

아이의 잘못을 '직접적'으로 말하는 것은 공격이자, 부모 자신을 위한 것입니다. 아이의 잘못을 '간접적'으로 알게 하는 것은 배려이자, 아이를 위한 것이지요.

"너는 왜 항상 방 정돈을 안 하니? 못 살겠다."

이렇게 말한다면 아이의 반응은 불 보듯 뻔하지요. 분명 "내가 언제 항상 안 했어? 지난번에도 했잖아!"라고 할 테니까요. 결국 싸움이 될 수밖에 없습니다. "오늘 저녁에는 방을 정리하는 걸 잊었나 보구나"라고 부드럽게 전해보세요.

진정으로 아이의 잘못이 개선되길 바란다면 간접적이고 완곡하게 표현하세요. 마음이 열릴 때까지 기다리세요. 너무 조급해하지 마세요. 아이는 부모가 자신을 바꾸려 하는 조급함을 본 순간, 빼꼼히 열었던 마음도 도로 닫아버립니다.

관계는 마라톤과 같습니다. 천천히 숨을 고르며 완급을 조절해야 하는 장거리 경주입니다. 좋은 관계는 인내가 필요합니다.

잔소리하기 전에 딱 세 번만 믿어줄 것

아이와 사소한 일로 기 싸움을 벌이시나요? 부모의 권위도 인심도 둘 다 잃는 길입니다. 특히 사춘기 아이와의 기 싸움은 가장 최악의 결말을 가져옵니다. 부모의 권위로 당장은 그 반항심을 일시적으로 억누를 수 있을지 모르지만, 결국 더 큰 부작용을 초래합니다. 사춘기의 두뇌는 스스로도 정리가 안 되고 변덕스러울 수 있다는 것부터 이해해야 합니다. 아이에게 자율권을 주는 동시에 책임감도 함께 부여하세요. 스스로 균형을 맞추는 연습을 할 수 있도록 격려해주세요.

물론 잘 안 될 때도 있습니다. 그럴 경우, "그것 봐라. 네가 그렇지" 하면서 바로 통제하지 말고 옆에서 도와주세요.

가령 숙제나 자신이 할 일을 자꾸 미루는 것은 아이가 게으르기 때문만은 아닙니다. 그런데도 부모는 일단 아이를 다그치게 되지요. "도대체 언제 할 거니? 숙제부터 하고 놀아야지!"라고요. 아이도 모든 숙제를 미루지는 않을 겁니다. 아이가 그 과제를 미루는 특별한 이유가 있는지부터 살펴보세요. 엄두가 안 나기 때문일까요? 어렵기 때문일까요?

엄두가 안 나고 어려워서 과제를 미루는 것이라면 적어도 아이에게 어떤 부분에서 막히는지 찾아서 시동이 걸릴 수 있도록 도와줘야 합니다.

학교에서 내준 UCC(user-created content) 동영상 만드는 숙제에 혼자 낑낑대다 시작도 못하고 울먹이던 아이가 있었습니다. 초반에 부모에게 도와달라고 신호를 보냈지만 부모는 '숙제는 네가 스스로 하는 것'이라며 혼자 하라고 했던 것이죠. 숙제가 아이에게 생소한 것이라면 적어도 방법을 알려주는 것은 필요합니다. 시동도 안 걸린 차를 계속 끌겠다고 몰면 좋은 엔진도 결국 다 망가지잖아요. 아이도 발동이 안 걸리는 자신의 모습이 싫은데 엄마까지 가세하지 않으시기 바랍니다.

사실 아이가 무엇이든 알아서 잘해주기만 한다면 부모도 잔소리를 할 필요가 없을 겁니다. 아이에게 어떤 문제로 잔소리를 하고 싶다면 잔소리하기 전에 딱 세 번만 참아보세요. 속는 셈 치고 아이를 믿어보세요. 엄마는 아이의 마음을 얻고, 아이도 엄마가 잔소리하기 전에 스스로 시작했다는 자부심을 얻으니 일

거양득이 아닐까요? 아이가 스스로 안 할까 봐 걱정되신다고요? 그런 아이는 잔소리를 한다고 해서 행동이 교정되지 않습니다. 그 순간 잠시 바르게 행동하는 척할 수는 있겠지만요. "네가 스스로 할 수 있을 거라고 믿어" 하면서 딱 세 번만 눈 감고 기다려주세요. 설령 이번 한 번 속는다 해도 상관없습니다. 아이를 믿으면 얻는 것이 더 많습니다.

아이를 혼내야 할 때 지켜야 할 철칙

훈육과 체벌은 동격이 아닙니다. 훈육은 아이를 절제시키고 인내심을 키우지만, 체벌은 공포에 주눅이 들게 만들고 불안과 반항심을 조장합니다. 둘 다 겉으로는 순응적으로 만들지만, 뇌 속에서는 이토록 다른 일이 벌어지는 것입니다.

폭력으로 버릇을 고칠 수 있다고 생각하는 것은 버릇 고치기를 이미 포기한 것이며 어른의 권위도, 아이도 포기하겠다는 뜻입니다. 폭력으로 인해 다치거나 생명을 잃어야만 심각한 것이 아닙니다. 겉모습은 멀쩡해도 두뇌는 엉망진창이 되어갑니다.

반대로 혼내야 할 때 혼내지 않는 것도 문제를 유발합니다. 아이는 자신이 명백히 잘못된 행동을 했는데도 너그럽게 넘어가주는 부모의 모습에 감사하기보다는 오히려 혼란스러워합니다. 내심 불안해하기도 하지요. 심지어 부모가 혼낼 에너지도 없을 만큼 자신에게 관심이 없다고 느끼기도 합니다.

관대함과 혼내지 않는 방임은 다릅니다. 관대함은 권위가 존재하는 가운데서 빛을 발하지만, 방임이나 무조건적 허용 혹은 무관심은 더욱 큰 문제를 만들 뿐이지요. 권위 있는 관대함으로 아이를 대해야 용서와 관용이 통하는 것입니다.

아이에게 안 된다는 소리를 못 하고 무조건 다 허용하고 들어주는 부모는 아이에게조차 자신감이 없기 때문에 그렇습니다. 아이한테 사랑받지 못할까 봐 단호히 대하지 못하는 것입니다. 아이는 부모의 반응을 통해 자기 행동을 교정하고 사회화해나갑니다. 그래서 부모는 '잘' 혼내는 방법을 배워야 합니다.

아이가 말을 듣지 않아 매를 드는 부모의 마음속에는 '이놈이 감히 어른에게 대들다니 기분이 나쁘다'라는 생각이 8할쯤 차지할 것입니다. 하지만 아이만 탓하지 마세요. 내 아이의 모습은 부모인 내 반응의 결과입니다. 사람은 상대방이 어떤 태도를 취하느냐에 따라 달라지니까요.

그럴 때는 분노를 잠시 식히고 '아이가 왜 내 말을 안 들을까?'에 대해 연구해보세요. 아이의 분노를 이해하는 것이 먼저입니다. 아무리 옳고 바른 이야기라 할지라도 부모가 자기 마음을 알아준다고 느끼지 못하면 아이는 부모의 말에 감동하지 않고 귀에서 반사합니다. 아이와 네 잘못, 내 잘못을 따지며 시시

비비를 가리기보다는 아이가 화가 났다는 사실에 우선 집중하세요. 정황이야 어떻든 이미 아이가 그렇게 받아들였음에 집중해야 합니다. 부모의 입장을 이해시키려 하기보다 아이를 먼저 이해하려고 노력하세요. 물론 말처럼 쉽지 않습니다. 그래서 피나는 연습이 필요합니다.

그다음에 부모의 분노 역시 말로 표현하세요. 아이를 제압하려 해서는 안 됩니다. 저도 아이를 꼭 혼내야 하는 상황에 부딪힐 때가 많습니다. 그럴 때마다 저는 사전에 몇 번씩 거울 앞에서 연습합니다. 말의 강약, 적절한 단어, 침착한 표정을 고릅니다. 아이가 상처받지 않으면서도 자신의 문제 행동을 잘 받아들이고 교정할 수 있도록 말이지요. 부모가 혼내는 연습을 할 때와 안 할 때의 효과는 천지 차이입니다.

아이를 혼내야 할 때 지켜야 할 철칙이 있습니다. 우유부단한 태도를 취하지 말 것, 어떤 행동에 대해 혼내는 것인지를 부모 스스로 명확히 알 것, 옳은 대안을 제시할 것, 감정적이 되어서는 안 될 것입니다. 혼을 낸 뒤에는 반드시 "너를 믿는다. 사랑한다"라고 말하며 안아주고 끝내야 합니다.

가끔 벌칙으로 공부나 과제를 주는 부모가 있습니다. '수학 문제지 5장 더 풀기', '바이올린 연습 30분 더 하기' 등 아이가 싫어한다는 이유로 재미와 좋은 추억으로 느껴야 할 활동들을 벌로 사용하는 것은 좋지 않습니다. 좋은 벌칙은 본인이 동의하여 함께 정한 벌칙입니다. 문서로 만들어 서로 서명하고, 벌칙이 필요할 때 사용해보세요. 훨씬 효과적입니다.

아이를 혼낼 때는 그날의 잘못만 다루어야 합니다. "너는 항상 그런 식이다. 단 한 번도 제대로 한 적이 없다"라는 말은 아이를 자기방어에 급급해지도록 만듭니다. 그날 벌어진 그 사건에 대한 것만 다루고, 과거의 일과 연관 지어 아이를 공격하지 않아야 문제를 잘 해결할 수 있습니다.

무엇보다 사소한 잘못들 때문에 잔소리하거나 위협하거나 협박하는 등 아이를 혼내는 데 힘을 빼서는 안 됩니다. 아이는 늘 지적받는다고 느껴서 진짜 중요한 사안에 대한 훈육까지 중대하게 받아들이지 않습니다. 아이 자신을 위험하게 만드는 행동, 남에게 해를 끼치는 행동, 공격적이고 폭력적인 행동에 대해서는 즉각 단호하게 대처하되 일상의 작은 실수들은 추궁하지 않고 관대함을 보여주는 것이 좋습니다.

아이가 말을 안 듣는 것은 거대한 두려움 속에서 자신을 지키려는 힘없는 자의 유일한 생존 수단입니다. 겉으로 드러나는, 혹은 위장된 가면 속에 감춰진 다양한 불안이 완화될 때 비로소 가면을 벗고 진짜 마음을 보여줄 수 있지 않을까요? 아이는 그 두려움을 부모가 읽어주기를 기다리고 있습니다.

체벌은 아이의 뇌에 흉터를 남긴다

많은 부모가 자기 체벌은 '학대'가 아니라 '훈육'이라고 주장하지만, 체벌은 '학대'입니다. 지난 몇 년간 끔찍한 아동학대 사망 사건들이 온 나라를 뜨겁게 달구었습니다. 학대 가해자인 부모 또는 양부모는 하나같이 '훈육의 목적이었다'라는 궤변을 늘어놓았습니다. 아동학대를 금지하는 법의 역사가 수십 년이 되었지만 현실에 반영이 거의 되지 않았던 것은 부모의 징계권 조항(민법 제915조)과 무관하지 않습니다. 1950년대 부모가 자녀에 대해 처벌하고 전적인 권리를 행사하는 것이 당연하다고 생각하던 사회에서 제정된 조항입니다. 그런데, 그 조항이 드디어 삭제되었습니다. (2021년도 1월 26일) 이 조항의 삭제는 더 이상 부모가 자녀에게 가하는 체벌을 '사랑의 매', '훈육의 목적'이라고 정당화시키지 말라는 선언적 의미가 있습니다.

체벌로 인해 아이가 겪게 될 단기적·장기적 후유증은 그야말로 치명적입니다. 아동기에 자주 체벌과 학대를 당한 아이의 두뇌는 정상적으로 발달하지 않습니다. 뇌 부위들 중에서 특히 두려움과 공포를 담당하는 부위, 기억을 담당하는 부위, 충동성을 조절하고 유연성을 담당하는 부위의 기능을 크게 저하시킵니다. 이런 주요한 뇌 기능이 손상되면 인지적으로는 집중력과 기억력이 떨어지고 임기응변식 거짓말과 반항, 심지어 절도까지 일삼게 됩니다. 어쩌면 애어른처럼 순종적인 아이로 자라다가 사춘기 전후에 우울증을 겪고 자해하거나 자살을 시도하는 등 극단적인 행동으로 이어질지도 모릅니다.

어쩌다가 자제력을 잃고 화를 내어 아이에게 큰 상처를 주었다면 즉시 아이의 기분을 풀어주고 상처를 회복시켜주려 노력해야 합니다. '빠른 시간 내에'가 핵심입니다. 그러지 않으면 지속적으로 분비되는 스트레스 호르몬이 정서를 담당하는 뇌에 영구적인 흉터를 남겨서 성장해가면서 두고두고 문제가 될 수 있습니다.

아이에게 폭력적인 언행을 한 후 아이의 마음을 회복시키는 방법은 꼬옥 안아주며 진심으로 사과하는 것입니다. "엄마(혹은 아빠)가 참아야 하는데 실수했구나. 정말 미안해. 사랑한다"라고 반드시 표현해야 합니다. 마음속 상처를 신속하게 회복시켜주는 것이 중요합니다.

물론 부모가 처음부터 아이에게 상처를 주는 언행을 하지 않는 것이 바람직하겠지요. 하지만 순간적인 감정에 휩싸여 아이에게 폭언과 체벌을 한 뒤 크게 후회하면서도, 아이의 상처를 어떻게 달래고 풀어줘야 할지 몰라서 소모적인 기 싸움만 벌이며 그대로 놔두는 부모가 많기에 드리는 말씀입니다.

폭력으로 상처를 주는 일 없이 효과적으로 훈육하는 최선의 방법은 아이의 바람직한 행동에 대해서는 적극적으로 칭찬하여 강화하고, 바람직하지 않은 행동에 대해서는 (아이도 수용하여 달성할 수 있는) '제한'과 '규칙'을 일관되게 적용하는 것입니다.

무엇보다 부모가 자신의 상처와 결핍부터 통찰하는 것이 중요합니다. 스트레스를 받는 상황에서 폭력적으로 아이를 대하는 자신의 모습을 발견한다면 반드시 전문가의 도움을 받아야 합니다. 완벽한 부모는 없습니다. 노력하는 부모만 있을 뿐이지요.

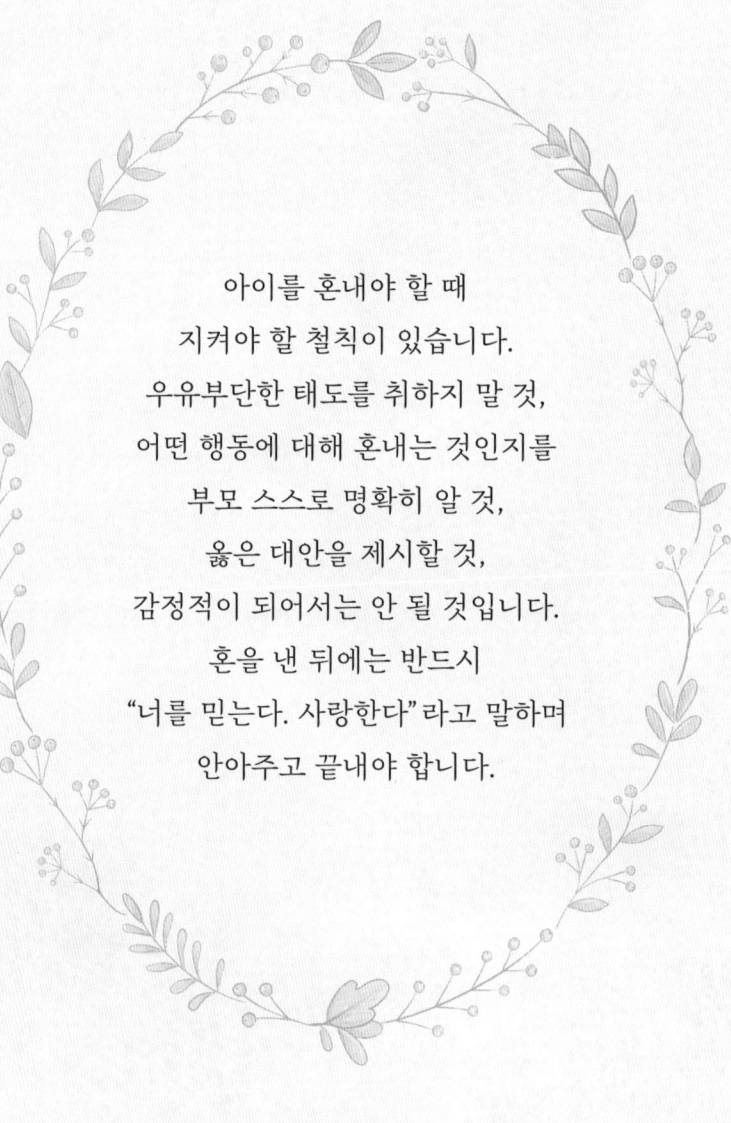

아이를 혼내야 할 때
지켜야 할 철칙이 있습니다.
우유부단한 태도를 취하지 말 것,
어떤 행동에 대해 혼내는 것인지를
부모 스스로 명확히 알 것,
옳은 대안을 제시할 것,
감정적이 되어서는 안 될 것입니다.
혼을 낸 뒤에는 반드시
"너를 믿는다. 사랑한다"라고 말하며
안아주고 끝내야 합니다.

아동기 트라우마는 평생 악영향을 끼친다

아이들에게 지속적으로 가해지는 정신적 트라우마는 아이에게서 끝나지 않습니다. 그 아들과 딸에게 고스란히 대물림되어, 성장하는 동안 뇌 발달에 악영향을 끼치고, 트라우마의 굴레에서 벗어나지 못하게 하면서 병적인 사회집단을 형성합니다. 열등감과 피해의식에 사로잡히게 하여 기본 행동과 선택에도 중대한 영향을 주지요.

아동기 트라우마가 특히 무서운 이유는 뇌가 덜 발달한 상태에서 스트레스 반응기전이 반복적으로 뇌 전반의 기능에 악영향을 미치기 때문입니다. 발달해야 할 뇌 부위의 회로 형성이 비정상적으로 이루어지지요. 이는 결국 성인기에 이르기까지 스트레스에 적절히 대처하는 능력을 영구적으로 손상하는 결과를 초래하여 어떤 식으로든 병적인 대처 양식으로 표출됩니다.

트라우마를 경험한 아이들 중에는 분노와 공포를 겉으로 표현하지 못할 정도로 두려워서 거짓 웃음을 보이기도 하고, 때로는 더욱 과도하게 친밀감을 보이기도 합니다. 증상의 표현 형태만 다를 뿐 모두 트라우마의 공포스러운 경험을 달래려는 자기 나름의 방어기제입니다. 아이의 거짓 웃음에 속지 마세요. 아이는 웃고 있지만 실제로는 울고 있습니다. 울지도 못할 만큼 힘든 것입니다. 슬픔을 표현하면 거절당할까 봐 그러한 것이지요.

표현하는 아이보다 표현하지 않는 아이에게 집중해야 합니다. 표현을 안 하는 것도 또 하나의 표현 방식입니다. 어린 시절의 트라우마가 아이를 그렇게 만듭니다.

가족이 함께 겪은 트라우마인 경우에는 부모의 불안과 환경의 변화를 돌밖에 안 된 아이라도 민감하게 느낍니다. 당분간 아이의 불안을 감당하면서 오히려 담담하고 편안하게 포옥 안아 주세요. 아이가 다시 안전감을 느끼면서 나아지기까지는 시간이 걸립니다.

아이의 회복력부터 튼튼하게 다질 것

누구나 성장하면서 크고 작은 외상성 사건을 경험합니다. 하지만 어린 시절에 비슷한 상처와 정신적 충격을 겪었더라도 성장해가며 나타나는 모습들은 다양합니다.

아이가 크고 작은 정신적 외상을 극복하는 데 가장 중요한 것은 '회복 탄력성'입니다. 그리고 그 회복력에 가장 중요한 요소가 바로 '이제 모든 것이 안전하다'는 안전감이지요.

회복에 대한 보호 인자를 가지고 있는 아동은 커다란 충격적 사건을 겪더라도 성장하면서 제 궤도를 크게 벗어나지 않지만, 작은 상처나 정신적 외상에도 쉽게 무너지는 취약한 아동도 있습니다. 그 차이를 발견하고 그에 맞는 대응을 하는 것이 바로 개별 맞춤형 접근법입니다.

많은 부모가 아이를 향해 "힘든 과정도 견딜 수 있어야 해. 좌절 감내력을 키워야 해"라고 말하면서 강한 회복력을 기대합니다. 웬만한 일은 훌훌 털고 일어나기를 바라지요. 그런데 이것은 회복력을 본래 잘 타고났거나 튼튼하게 다진 아이에게 해당되는 이야기입니다.

회복력이 약한 아이에게는 다른 전략이 필요합니다. 우선 회복력을 튼튼하게 만들어주는 일부터 시작해야 하지요. 어떻게 해야 아이의 회복력이 튼튼해질까요? 유리그릇을 강하게 만들겠다고 내던지는 사람은 없습니다. 유리그릇을 다룰 때는 깨지지 않도록 조심하고 이중, 삼중으로 종이나 비닐 완충재로 감싸곤 하지요. 회복력이 약한 아이에게도 마찬가지입니다. 아이에게 가해지는 상처나 충격의 완충과 흡수 역할을 부모가 해줘야 한다는 것만 기억하세요. 그래야 유리같이 취약한 뇌 부위가 발달하면서 안전한 환경 안에서 점차 안정되어갑니다.

너무나 많은 부모가 '이렇게 나약해빠진 내 아이를 어쩌면 좋을까요?'라고 걱정합니다. 대체 어디까지 받아줘야 하느냐고, 다른 아이들은 다 강인하고 어른스러워 보인다고 항변하면서요.

하지만 내 아이만 바라보세요. 아이가 3을 가지고 있으면 부모가 7을 주면 됩니다. 7을 가지고 태어났다면 좋았겠지만, 그렇지 않다고 해도 내게 주어진 사랑스러운 아이입니다. 이 아이를 통해 더욱 현명한 부모가 될 수 있는 기회를 얻게 된 것이라고 여기시기 바랍니다.

사랑받는다고 깨닫는 순간 달라진다

사람의 마음을 움직이는 것은 논리적이고 효율적인 언행이 아니라 진심 어린 정서적 교감입니다. 아이를 달라지게 하고 싶다면 아이에게 감동을 줘야 합니다. 아이가 감동을 받는 순간은, 자기가 잘못을 하긴 했지만 그럴 수밖에 없었던 자신의 취약한 면을 부모가 알아주고 수용하며 도와주고 싶다는 메시지를 전할 때입니다.

부모는 자신이 아이를 얼마나 궁지에 몰고 있는지 인식하지 못합니다. 아이는 부모가 사실만 얘기하면서 옳은 소리를 쏟아내니 반박하지도 못하지요. 하지만 아이가 궁극적으로 달라지는 지점은 자신이 얼마나 사랑받는지를 확실히 깨닫는 순간이지, 잘못을 인식하는 순간은 아닙니다.

부모는 아이에게 '너를 얼마나 사랑하는지' 일깨워줘야 하고, 아이가 부모에게 사랑을 표현하는 방식을 가르쳐야 합니다. 사랑을 표현하면 아이에게 지는 것이라고 생각하면서 강한 자존심으로 기 싸움을 벌이는 부모는 자신의 그런 마음이 어디에서 비롯됐는지부터 알아야 합니다. 자기 아이한테조차 져줄 수 없을 만큼 마음의 여유가 없고 불안하다는 뜻이니까요.

부모 자신이 지닌 불안의 원인을 인식하고 치유하는 것부터 시작하세요. 얼마 지나지 않아 아이를 향한 사랑의 표현에 자유로운 자신을 발견하게 될 것입니다.

아이를 강하게 키우고 싶다면

　내 아이가 행여 나약한 아이가 될까 싶은 두려움에, 더욱 강한 아이로 키우고 싶은 열망에 아이의 힘든 표정, 지친 어깨, 불평을 일부러 외면하는 경우가 있는지요? 그런 모습들이 사라진다고 해서 아이가 진정 강해지는 것은 아닙니다. 아이의 실제 속은 곪아가고 있는지도 모릅니다.

　강인함은 외적인 제약과 통제를 통해 얻어지는 것이 아닙니다. 매사에 지시적이고 권위주의적 방식으로 양육하면 겉보기에는 순종적이고 나무랄 데 없는 아이로 성장하는 것 같으나, 사실 아이는 불안과 두려움을 감추기 위해 순응하는 척하며 거짓 감정만 키워갈 뿐입니다. 타인의 시선에 민감하고 명령이 있어야만 행동하는 수동적 사람으로 자랄 수도 있습니다.

민주적으로 소통하는 부모가 되어주세요. 그런데 '민주적인 부모'가 되어달라고 하면 보통 부모들은 '방임'과 착각하고 걱정부터 합니다. '민주적인 부모'는 '방임하는 부모'가 아니라 '소통하는 부모'입니다. 아이가 자기감정을 충분히 표현하고 무슨 고민을 상담해도 무시당하거나 혼나지 않을 것이라는 신뢰를 주는 부모, 가정 내의 명확한 원칙과 규칙을 제공하면서도 아이의 취약한 면에 대해서는 관용을 베풀고 기다려주는 부모입니다. 아이는 민주적인 부모에게 속마음을 엽니다.

민주적인 부모가 되는 방법을 너무 어렵게 생각하지 마세요. 그저 들어주기만 해도 됩니다. 실은 아이가 바라는 것은 대단한 게 아니거든요. 뭔가 대단한 것을 해줘야 한다는 부담은 가지지 마세요. 아이들의 자정自淨 능력은 생각보다 훨씬 강하답니다.

부모는 자신이 아이를 얼마나
궁지에 몰고 있는지 인식하지 못합니다.
아이는 부모가 사실만 얘기하면서
옳은 소리를 쏟아 내니 반박하지도 못하지요.
하지만 아이가 궁극적으로 달라지는 지점은
자신이 얼마나 사랑받는지를
확실히 깨닫는 순간이지,
잘못을 인식하는 순간은 아닙니다.

공부를 좋아하는 아이로 키우는 법

우리나라 부모들이 가장 꿈꾸는 아이는 어쩌면 '부모가 잔소리하지 않아도 스스로 학습에 흥미를 가지고 알아서 공부하는 아이'일 것입니다. 부모 강연을 나가면 어김없이 그런 아이로 키울 수 있는 방법을 물어옵니다. 물론 방법은 있습니다. 다만 부모의 노력과 인내심을 요합니다.

일단 공부를 아이에게만 강요하지 않고, 아이의 호기심을 일깨우며 부모도 함께 공부하는 모습을 일관되게 보여주는 것이 가장 좋은 방법입니다. 그리고 "엄마는 네가 요새 무엇을 배우는지 정말 궁금한데 네가 배운 걸 엄마한테 조금만 설명해줄래?"라고 물어보면 아이는 자연스레 교과서와 노트를 펼칩니다. 엄마와 얘기하는 것이 즐거워서라도 아이가 공부를 하려 하지요. 다만 이때 검사하듯, 심문하듯 물어서는 절대 안 됩니다. 어디까지나 아이를 향한 관심이라는 것을 아이가 느껴야 하지요.

또한, 아이가 "왜 이렇게 어려운 문제까지 풀어야 하는 걸까요? 나중에 이런 걸 정말로 쓸 데가 있어요?"라고 뚱딴지같은 질문을 하더라도 "얘가 무슨 소리를 하는 거야? 좋은 대학에 들어가려면 당연히 풀 줄 알아야지"라고 묵살하면서 아이를 다그치지 마세요. 대신 다음과 같이 아이의 사소한 질문에도 귀 기울여 진지하게 대답해주세요.

"그러게. 쉬운 문제만 풀면 참 좋을 텐데. 그런데 살다 보면 세상에 풀기 어려운 문제가 참 많이 생겨. 공부는 인생에서 그런 문제들을 좀 더 효과적으로 해결하면서 꾸려갈 수 있도록 도와준단다. 네가 이다음에 인생의 난제에 부딪혔을 때, 다양한 지식과 문제해결능력이 부족해서 불편하게 될 것을 상상해보렴. 기분이 어때?"

책이나 인터넷 검색 등을 통해 아이가 배우는 지식들이 실제로 어떻게 쓰이는지 찾아서 구체적으로 알려주시면 더욱 좋습니다. 오로지 대학 입시만을 위해 쓸데없는 지식을 억지로 익혀야 하는 것이 아니라 자신에게 필요한 공부라는 것을 알게 되면 아이는 타고난 지적 호기심으로 스스로 공부할 것입니다.

아이들은 공부를 싫어하지 않습니다. 강요받는 공부를 싫어할 뿐입니다.

공부 발동이 안 걸리는 아이
vs 공부 의욕이 없는 아이

무리하고 과도한 선행학습은 아이의 공부 의욕을 꺾고 자존감을 저하시킵니다. 스스로 꾸준히 복습하고 실력을 다지는 훈련을 시키는 것이 장기적으로 효과적이지요. 이것을 모르지는 않을 텐데 우리 부모들은 왜 이렇게 사교육의 굴레에서 벗어나지 못할까요?

얼마 전에 초등 5학년 아이에게서 자신이 미적분을 공부한다고 자랑하는 이야기를 들었습니다. 학원에서는 한 학기 정도가 아니라 1년, 심지어 이삼 년 치를 미리 공부시킨다고 합니다. 준비가 덜 되어 있는 아이의 두뇌에 꾸역꾸역 집어넣으려고만 하는 무모한 일입니다.

아이들이 초등학교에 다닐 때 학부모를 대상으로 하는 강의에 초청받은 일이 있었습니다. 어떤 강의 요청보다도 기분 좋은 마음으로 수락했지요. 제 아이들이 다니는 학교에서 요청했기 때문이 아니라 저에게 요청한 강의 주제가 아주 흡족해서였습니다. 그 주제는 바로 '정서 조절이 학습에 미치는 영향'이었습니다. 강의의 핵심은 스트레스를 받으면서 공부하는 5시간보다 평온하고 즐겁게 공부하는 1시간이 훨씬 효율적이라는 내용이었지요.

시험은 코앞인데 암기는 잘 안 되고, 숙제가 많이 밀려 있는데 빨리 못하겠다며 스스로 걱정하는 아이에게 "한심한 녀석 같으니라고. 걱정할 시간에 공부하겠다!"라며 몰아세운다면 어떻게 될까요? 걱정이 많은 아이에게는 위로밖에 답이 없습니다. 아이의 두뇌를 진정하는 것이 우선이기 때문입니다. 기분 나쁜 상태에서는 기억력이 감퇴되고, 그에 따른 학습은 당연히 비능률적입니다.

연휴 내내 놀았으면서도 이제 학교에 가야 하니까 밀린 숙제도 하고 공부도 하라고 하면 아이들은 몸을 비틀며 짜증을 냅니다. 그럴 때는 그냥 밖에 데리고 나가서 공놀이를 하거나 함께 뛰어다니며 실컷 땀을 흘려보세요.

아이가 공부하다가 딴짓하는 것을 그냥 두지 못하겠다면 부모 자신의 어린 시절을 떠올려보세요. 공부하는 사이사이에 몰래 만화책도 보고 공상하던 일을 말입니다.

책상 앞에 앉아 있어도, 혹은 학원에 가서 앉아 있어도 아이의 두뇌에서 다양한 이유로 저항하고 있다면 그 시간은 비효율적일 뿐이지요. 마음이 편하게 안정돼야 학습 능률이 올라갑니다.

부모에게는 아이가 공부를 싫어할 것이라는 피해의식 아닌 피해의식이 있어서 늘 노심초사하지요. 하지만 실제로 아이의 지적 호기심은 타고나는 것이랍니다. 강요된 공부를 싫어할 뿐이지, 스스로 궁금하고 필요해서 하는 공부는 좋아합니다. 아이를 믿고 기다리는 것이 중요합니다.

'공부는 하고 싶은데 발동이 안 걸리는 아이'와 '공부에 의욕이 없는 아이'에 대한 접근법은 다릅니다. 전자는 연료는 있는데 시동을 걸어줄 무언가의 도움이 필요하고, 후자는 고갈된 연료부터 공급받는 것이 우선입니다. 전자는 주의력 문제이고, 후자는 정서 문제입니다.

전자의 경우에 해당하는 예를 하나 들자면, 공부에 관심은 있는데 산만한 아이에게는 정돈되지 않은 방이 최악의 조합입니다. 아이의 책상과 그 주변은 일주일에 두 번 정도 부모가 도와서 아이와 함께 정리해보세요. 책장에도 이 책, 저 책이 여기저기 알 수 없게 꽂혀 있다면 아이는 책을 찾다가 정작 공부는 시작조차 못 하겠지요. 과목별로 교과서, 참고서, 문제집 등을 아이가 쉽게 찾을 수 있도록 각각의 구역을 나누어 책장 정리를 하고, 늘 그렇게 정돈되어 있도록 합니다. 또한 산만한 아이는 다수가 함께 수업을 받는 방식은 맞지 않고 일대일로 한 사람이 지도해주는 편이 좋습니다. 컴퓨터나 스마트 기기는 아이의 방이 아니라 거실 같은 가족 공용 공간에 두는 것이 좋고요.

후자의 예는 우울하거나 불안한 아이입니다. 이들도 공부 의욕이 없습니다. 불안이 너무 높고 강박적이어서 읽은 페이지를 또 읽고 쓰기를 반복하느라 진도가 안 나가는 아이가 있습니다. 주변의 소리나 몸의 감각에 너무 예민하다 보니 그쪽으로 에너지가 거의 소모되어 학습 에너지가 없는 아이도 있습니다. 아이들에게 불안과 우울은 대부분 혼재되어 있습니다. 부모가 아이의 기저에 깔린 정서 문제를 감지했다면 아이가 얼마나 힘든지에 대해 우선 이해하고 공감해주셔야 합니다. 그리고 소아정신과 전문의를 찾아가 정확한 진단과 치료를 받으셔야 합니다.

조기교육보다는 연령에 맞는 적기교육이고, 일방적 주입식 교육보다는 양방향 토론식 교육이어야 하며, 인지 증진보다는 동기부여 함양을 우선해야 합니다. 학습 동기는 정서적인 안정감과 에너지로부터 형성됩니다. 이것은 부모의 지지, 격려, 믿음이 바탕이 되어야 합니다.

"엄마, 아빠가 바라는 꿈 말고 네 진짜 꿈은 뭐니?"

아이가 정말 자신이 하고 싶은 일을 하고 있는지, 아니면 부모가 바라는 일을 하고 있는 것은 아닌지 돌아보세요. 무서운 것은 아이에게 한 번도 부모의 바람을 강조한 적이 없다 할지라도 비언어적 메시지로 전달됐으리라는 사실입니다. 아이는 부모의 숨소리에도 영향을 받으니까요.

자기 꿈을 말하기를 머뭇거리는 아이도 있습니다. 자기 진심을 얘기해도 되는지 눈치를 살피기도 합니다. 보통 부모의 꿈과 아이의 꿈이 같지 않거나 부모가 아이의 꿈을 강요하는 경우이지요. 심지어 자기가 무엇이 되고 싶은지 모르겠다고, 무엇이 되면 좋겠느냐고 되묻는 아이까지 있습니다. 너무 안타까운 일입니다.

"애야, 네가 어떤 사람이 되기를 원하는지 나에게 굳이 묻지 않아도 된단다. 내 생각을 궁금해하지 말고 네 가슴에 물어보렴. 엄마는(아빠는) 네 선택과 결정을 존중할 준비가 되어 있단다. 왜냐하면 너는 부모 것이 아니니까. 엄마는(아빠는) 네 운명을 방해하지 않을 거란다."

우리 부모는 억지로라도 아이가 무엇을 하고 싶은지, 지금의 목표가 정말 아이의 가슴속 욕구와 열망에서 기인한 것인지 자꾸 생각하고 또 생각하게 해줘야 합니다. 그렇게 하지 않으면 자신의 가치와 판단이 없이 그저 어른들의 반응에 따라 행동하는 아이가 될지도 모릅니다.

아이의 꿈을 응원해주기

"공부를 잘하고 싶어요. 친구들과 잘 어울리고 싶어요. 훌륭한 사람이 되고 싶어요."

저를 찾아온 아이 한 명이 말한 세 가지 소원이었습니다. "그렇게 되면 뭐가 좋은데?"라고 제가 되물었습니다. 아이가 머뭇거리다가 대답합니다.

"부모님이 기뻐하실 것 같아서요."

부모의 꿈이 자기 꿈이 되어버린, 꿈조차 마음대로 꿀 수 없는 아이들의 모습입니다. 우리 아이라고 다를까요? 그래도 희망적인 사실은 "너는 장래희망이 뭐야?"라는 물음에 10년 전 아이들은 한결같이 의사나 변호사같이 '사' 자가 들어가는 직업을 꼽았다면 요즘 아이들은 제빵사, 헤어 디자이너, 애견 미용사, 크리에이터 등등 매우 다양한 꿈을 말한다는 것입니다. 개성 있는 아이들의 답변에 저는 환히 웃어주며 무척 좋아해줍니다.

"어쩌면 그렇게 창의적인 장래 희망을 생각했어? 정말 멋진데? 선생님은 어릴 때 그러지 못했어. 너의 다양한 생각 주머니가 참 훌륭하다고 생각해."

진료를 보면서 많은 청소년을 만납니다. 진로나 장래 희망을 묻는 질문에 꿈이 너무 많아 이것저것 고려하느라 아직 꿈을 정하지 못했다고 말하는 아이들이 참 예뻐 보이기도 합니다. 그럼에도 불구하고, 아이가 어떤 꿈 하나를 갖게 되면 그 꿈을 향해 노력하게 되고 현재의 생활 태도가 달라지므로 비록 바뀔 꿈이라도 하나쯤은 정하는 것도 좋을 것입니다.

Part 5

당신은
충분히 좋은 부모입니다

부모가 어떤 상황에서 행복감을 느끼는지를 보며
아이들은 고스란히 영향 받습니다.
화분에 핀 꽃을 보며 행복해하는 엄마와,
맛있는 반찬 한 입에도 행복하다고 말하는 아빠를 보며
아이들은 행복이 멀리 있지 않음을 배웁니다.
작은 성취에도 기뻐하고 큰 실패에도
담대한 부모의 모습을 보며
아이는 자신을 사랑하는 방법과 용기를 배웁니다.

완벽한 부모도, 완벽한 아이도 없다

아이가 나를 힘들게 할 때 '내가 부모로서의 역량이 부족한가?'라고 자책하지 마시고 '아이를 통해 나의 부모 역량을 더욱 키울 수 있겠다', '부모 역량을 좀 더 키우도록 아이가 좋은 기회를 또 마련해주는구나'라고 여기시길 바랍니다. 까다로운 기질의 아이를 기르는 데는 그렇지 않은 아이를 기를 때보다 엄마의 노력이 더 많이 필요한 게 사실입니다. '대체 내 아이만 왜 이리 유별날까, 왜 이리 까탈스러울까'라며 탓하고 체념하면 그 마음이 고스란히 아이에게 전해질 뿐, 해결은 되지 않지요.

'이 아이를 만나지 못했다면 내가 부모로서 절대 도약하지 못했을 텐데……' 하고 아이에 대한 생각을 바꿔보세요. 나를 전문가 수준의 부모로 만들어준 고마운 아이라고 여겨보세요. 저도 기질이 너무 다른 두 아들을 키우면서 시행착오를 거듭했고 좌절했던 적도 있습니다. 그러나 그런 경험들이 저를 더 나은 엄마이자 전문가로 성장시켰다고 생각합니다.

  완벽한 관계, 완벽한 사랑, 완벽한 성격, 완벽한 사람……. 완벽은 실제로 존재하지 않습니다. 그 진실을 받아들이는 순간 좀 편해집니다. 나도 완벽하지 않고, 아이도 완벽할 수 없습니다. 다른 누구보다 가장 아껴줘야 할 나 자신과 내 아이에게 완벽하지 않다고 닦달하지 마세요. 더 완벽해져야 한다고 다그치지 마세요. 나 자신과 내 아이가 편안하게 숨 쉴 수 있는 마음의 여유까지 없애는 일입니다. 그것만큼 어리석은 일도 없습니다.

엄마 되기는 이토록 어렵다

 큰아이의 표정이 좋지 않아 보이는데도 말을 제대로 건네지 못한 적이 있습니다. 아이는 무언가 이야기를 할 듯하다가 "아니에요" 하고는 방으로 들어갔지요. 아마 제가 분주해 보였기 때문인 것 같았습니다. 아무리 바빠도 아이의 말에 언제나 귀를 기울이고 있다는 신호를 보내줬어야 하는데 그러지 못한 것이 내내 마음에 걸렸습니다.
 한번은 둘째 아이를 과도하게 나무란 일도 있습니다. 왜 그토록 지나치게 혼을 냈을까, 곰곰이 생각하고 둘째에 대한 제 감정을 들여다봤습니다. 둘째와 한동안 많은 이야기를 나누지 못한 것이 먼저 떠올랐습니다. 아이와 제대로 시간을 보낸 것이 거의 일주일 만이었더라고요. 그런데 아기같이 구는 둘째의 모습이 제 죄책감을 자극한 모양입니다. 그러니 화가 더 났겠지요. 아마 그 화는 사실은 제 걱정과 미안함에서 비롯됐을 것입니다.

　전문가라도 자식 앞에서는 문제 해결을 하는 것이 늘 힘겹습니다. 객관적으로 바라보려고 노력하지만 쉽지 않지요. 알면서도 실천이 잘 안 되는 이유는 지식과 행동 사이에 감정이라는 다리가 있기 때문입니다. 대상에 따라, 처한 상황에 따라 감정이 전혀 다른 온도를 나타내므로 우리는 알면서도 지식대로 행동하기가 어려운 것이지요. 엄마 되기가 이토록이나 어렵습니다.

아이들은 스스로 변하고 진화합니다

초등학생이던 시절, 반포에서 성수까지 한강변을 자전거로 신나게 왕복했다며 뿌듯해하는 둘째 아이. 어제 산 책 한 권을 금세 다 읽었다며 뿌듯해하는 큰아이. 아이들을 키우면서 기쁨을 느끼는 분야가 너무도 다른 두 아이를 보면서 둘째 아이에게는 책 좀 읽으라고 강요하고 싶고, 큰아이에게는 운동 좀 하라고 종용하고 싶었지만 참았습니다. 부족한 부분을 보완해주고 싶은 부모의 조급한 욕심을 참고서, 아이들이 각자 뿌듯해할 게 있다는 것만으로도 감사하려 노력했습니다.

이제 그 아이들이 성인이 되었습니다. 큰애는 곧 군대를 제대하고, 둘째도 군대에 있습니다. 얼마 전 둘째에게 전화가 왔습니다. 부대에서 토너먼트 축구경기를 했는데 자신이 MVP가 되었다고 뿌듯하게 말하더군요. 둘째는 여전히 축구광이지만 책도 영화도 많이 본다고 하더군요. 움직이는 것을 그리 좋아하지 않고 소극적이라고 느꼈던 큰애는 어느 누구보다 활동적인 아이가 되었습니다. 대학에서 동아리에 3개나 가입하고 늘 앞장서서 봉사합니다. 어릴 때는 그렇게 달라 보였던 두 아이가 지금은 큰 차이가 없어 보입니다. 참으로 신기합니다.

부모는 자식을 사랑하므로 자식이 좀 더 나아지도록 만들려는 욕심을 자꾸만 부리게 됩니다. 하지만 그렇게 아이를 끊임없이 바꾸려 하면 아이는 부모가 자신을 좋아하지 않는다고 느낍니다.

아이를 엄마의 기준에 맞춰 변화시키려 하지 마세요. 아이들은 스스로 변하고 진화합니다. 부모에게 존재 자체를 존중받는다고 느낀다면 말이죠.

완벽한 관계, 완벽한 사랑,
완벽한 성격, 완벽한 사람…….
완벽은 실제로 존재하지 않습니다.
그 진실을 받아들이는 순간 좀 편해집니다.
나도 완벽하지 않고,
아이도 완벽할 수 없습니다.
다른 누구보다 가장 아껴줘야 할
나 자신과 내 아이에게
완벽하지 않다고 닦달하지 마세요.

부모는 아이의 약점을 받아들여주는 사람

한쪽 다리가 짧아서 절뚝거리는 아이에게는 잘 걸어라, 빨리 뛰라고 다그치지 않습니다. 대신 아이가 넘어지지 않고 안전하게 걷도록 부목을 대어주거나 그 곁에서 보조해주지요. 신체적인 부분뿐만 아니라 정신적인 부분도 마찬가지입니다. 아이에게 결핍된 부분을 수용하지 못한 채 보통 아이들과 같은 모습을 갖추기를 강요하면 아이는 자신이 본래 지니고 있던 능력조차 발휘하지 못합니다.

부모가 아이의 약점을 있는 그대로 받아들이고 보조하며 아이의 강점을 지지해줄 때 아이는 비로소 자신감을 얻습니다. 아이의 약점을 인정하지 않고 고치려고만 들면서 보조자이자 지지자 역할을 해주지 않으면 아이는 부모가 자신을 못마땅하게 여기고 창피해한다고 느껴서 더욱 주눅이 듭니다.

지금까지 상담하면서 수많은 아이의 마음을 열게 한 최고의 말은 "네 안의 보석 같은 면을 너만 모르고 있는 것 같아서 안타깝다"라는 것이었습니다. 남들이 몰라줄 것이라고 여겼던 자신의 강점을 누군가 콕 짚어줬을 때 그 감동은 이루 말할 수 없습니다.

도움은 서서히 줄이되 관찰은 지속할 것

어릴 때는 과한 도움을 주다가 초등 고학년쯤 되면서부터는 "자, 이제는 스스로 할 수 있지? 혼자서 해 봐"라며 갑자기 아이를 내버려두는 부모가 있습니다. 아이가 잘해내지 못하면 아직 이런 것도 못하느냐면서 버럭 화를 내지요. 부모의 기대 수준이 높았을 뿐 아이는 잘못이 없습니다. 중학생이 되더라도 아이에게는 부모의 도움이 필요한 부분이 있습니다.

반대로, 청소년기가 지나도록 아이가 정체성을 제대로 확립하지 못하는 경우를 봅니다. 대학생이 되어도 아직 청소년기에 머물러 있거나, 결혼을 하고 나서도 여전히 부모에게서 못 벗어나는 것은 부모가 아이를 분리시키지 못하기 때문입니다.

아이의 조력자 역할은 서서히 줄여가야 합니다. 갑자기 끊어서도, 끊지 못하고 질질 끌어서도 안 됩니다. 갑작스레 도움이 끊기면 아이는 혼란에 빠질 수 있습니다. 반면, 부모가 마음을 놓지 못하고 계속 지나치게 간섭하면 아이가 독립할 수도 없습니다. 때가 되면 과감히 아이를 분리시켜 시행착오를 경험하게 해야 하지요. 스스로 해낼 수 있도록 방법을 가르치고 연습을 시켜야 합니다.

즉, 도움을 서서히 줄여가면서 관찰은 지속해야 합니다. 아이가 불안해 뒤돌아볼 때 부모가 뒤에서 응원해주고 잘하고 있다고 지지해주면 아이는 자기 힘으로 한 발 한 발 나아갈 수 있습니다.

우리는 이미 충분히 좋은 부모다

　우리는 대부분 좋은 부모입니다. 특히 양육 전문가나 소아정신과 의사들의 말에 귀 기울이고 책을 찾으며 좋은 부모가 되기 위해 노력하는 부모들은 '이미' 좋은 부모입니다.
　그런데 아이가 생긴 후 어떻게 키워야 할지 몰라 육아서들을 보며 열심히 공부했는데 현실은 많이 달라서 책에서 배운 대로 실행으로 옮기기가 쉽지 않다고 고민을 토로하는 부모가 많습니다. 책에 나온 대로 되지 않는 아이를 보면 당황스럽고 자신도 모르게 화가 난다고요. 무엇보다 부모 역할을 제대로 못하고 있는 듯한 자기 때문에 아이에게 문제가 생기지는 않을까 겁이 많이 난다고요.
　그러나 너무 걱정하지 마세요. 배운 지식은 절대 어디로 사라지지 않습니다. 육아서를 통해 얻은 지식을 실전에 활용하면서 시행착오를 겪어야 진정으로 자기 것이 된다고 생각합니다. 세상 모든 부모는 훌륭한 양육 전문가가 될 수 있습니다. 문제는 이런 변화의 노력조차 하지 않고 자기 방식이 가장 옳다고 생각하는 부모입니다.

20여 년 전 소아정신과에 막 입문했던 초심자 때는 아이들의 문제가 부모에게서 기인한다는 데 중점을 두었습니다. 그러나 의사로서도, 부모로서도 조금씩 경험이 늘어가면서는 부모도 각자의 친부모와 형제들의 영향으로부터 자유롭지 못하다는 것을 깨달았습니다. 이제는 교육 시스템과 사회의 구조적 문제가 양질의 육아에 걸림돌이 된다는 것을 압니다.

양육은 각자의 형편대로 부모가 알아서 하는 것이 아닙니다. 현실적으로 실천 불가능한 시스템에서는 그럴싸한 이론도 공허한 메아리일 뿐입니다. 만 3세 이전의 아이들에게 어린이집보다는 엄마에 의한 일대일 양육이 중요하다는 것을 알아도, 육아 휴직 신청이 경력단절로 이어질 수 있는 현실에서 '워킹맘'에게 더 이상 애착이론을 강조하지 못합니다.

어찌할 도리 없는 외부의 불합리한 시스템 속에서 자기 탓이 아닌데도 자기 문제라고 여기며 자책하는 분들이 있습니다. 외부의 불합리함을 개인의 문제와 분리하세요. 부모님들이 못나고 부족해서, 잘 못 키워서가 아닙니다. 우리의 교육 시스템과 사회가 구조적으로 바뀌어야 할 문제가 많습니다.

    자책해서 해결되지 않는 일로 부모 자신을 괴롭히지 않았으면 합니다. 우리는 충분히 좋은 부모입니다.

부모도 위로받아야 한다

부모가 자녀에게 하는 언행에는 다 이유가 있습니다. 부디 나 때문에 아이가 이렇게 되었다는 과도한 자기 비난은 하지 마세요. 어떤 방식으로 생각하고, 어떤 행동을 하며, 중요한 순간마다 어떤 선택을 하는지는 그 사람의 머릿속에 내재된 기억과 그 사람이 살아온 역사에 지배받습니다. 그러니 주관적인 잣대를 가질 수밖에 없고, 그것이 부모의 양육 방식에도 영향을 주는 것이지요.

부모도 아팠던 것이니까 위로받아야 할 일입니다. 부모의 아픈 마음을 위로받고 치유하면 그 아픔을 아이에게 고스란히 물려주지 않을 수 있습니다.

일하는 부모에게 필요한 '문자 육아'

워킹맘들은 아이와 보내는 시간이 너무 적은 것 같아서 일을 그만둬야 할까 고민합니다. 그 선택은 결국 본인의 가슴이 시키는 대로 하는 것이겠지요. 하지만 아이와 보내는 절대적 시간이 많은 엄마라고 해서 모두 양질의 양육을 하는 것은 아닙니다. 적은 시간을 효율적으로 활용하는 양육에 힘써보세요.

일하는 엄마는 자기 일에 보람을 가지고서 스스로 행복해지려고 노력해야 합니다. 아이는 엄마의 일하는 모습과 자신감 넘치고 행복한 모습을 보면서 자기 미래를 설계하거든요. 엄마가 아이와 늘 함께 있어주는 것만이 양질의 양육은 아닙니다. 함께 보내는 시간의 양보다는 질이 중요합니다.

워킹맘들은 충분한 사랑과 관심을 주지 못한다는 죄책감에 아이의 잘못을 지적하거나 혼내는 등의 훈육에 약한 경우가 많습니다. 물질이나 무조건적인 허용으로 보상해주려고도 하지요.

아이와 시간을 많이 보내지 못한다면 직장에 있는 동안 수시로 문자나 SNS 메시지로 아이와 끊임없이 소통하세요. 아이가 잘못을 저질렀을 때는 주저 없이 훈육하셔야 합니다. 어떤 식으로라도 평소에 아이와 소통을 자주 해온 부모는 아이의 훈육에도 자신감을 갖게 됩니다. 아이를 잘 아니까요. 저는 아이들이 어릴 때부터 이것을 즐겨했습니다. '문자 육아'를 잘 활용하세요.

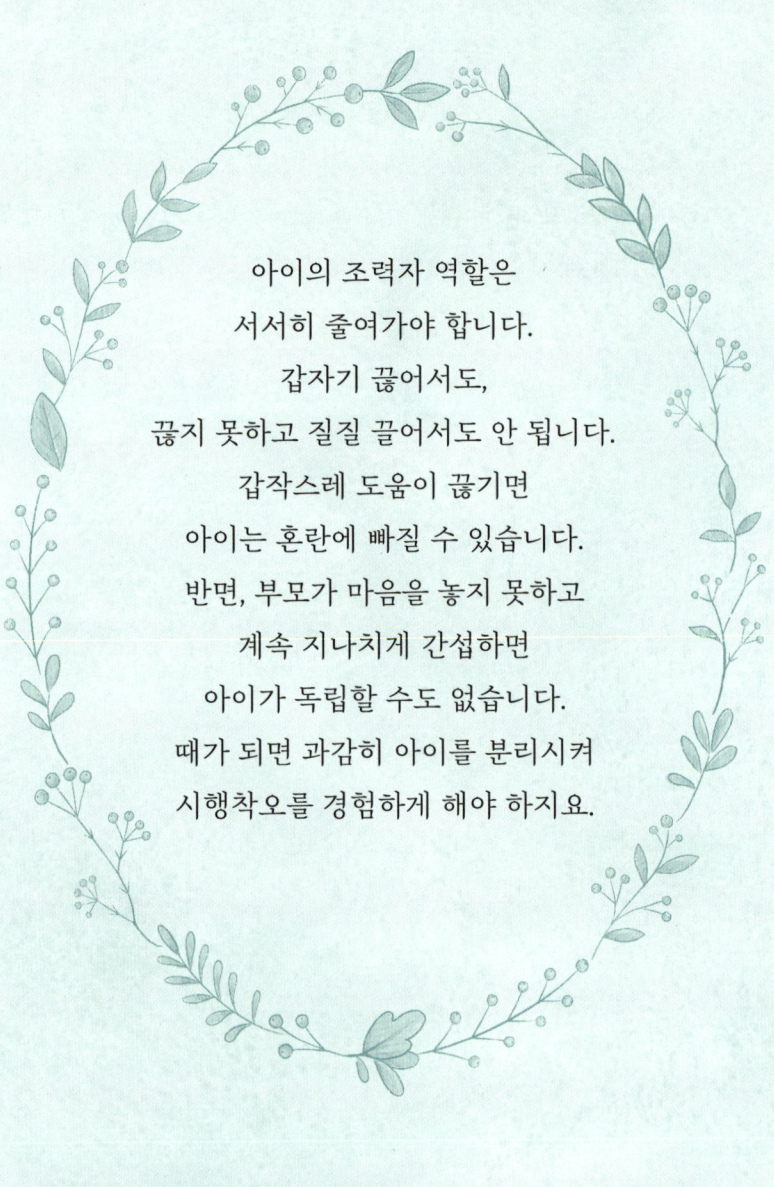

아이의 조력자 역할은
서서히 줄여가야 합니다.
갑자기 끊어서도,
끊지 못하고 질질 끌어서도 안 됩니다.
갑작스레 도움이 끊기면
아이는 혼란에 빠질 수 있습니다.
반면, 부모가 마음을 놓지 못하고
계속 지나치게 간섭하면
아이가 독립할 수도 없습니다.
때가 되면 과감히 아이를 분리시켜
시행착오를 경험하게 해야 하지요.

부모이기에 먼저 행복해야 한다

"이것만 해결된다면 참 행복할 텐데" 하는 사람치고 그것이 해결된 후에 행복해지는 사람은 드뭅니다. 몇 개월 못 가서 자신이 가지지 못한 것에 대한 결핍감에 또다시 불행하다고 느끼면서 "이것만 해결된다면……" 하고 다른 원인을 찾을 테니까요.

2등을 한 사람이 입상도 못 한 사람에 비하면 행복한 것이라고 생각하며 '나보다 낫지 않느냐'라는 식의 위로를 전하곤 하지요. 하지만 실제 인간의 심리로는 '거의 될 뻔한 일이 안 되었을 때' 그 상실감이 더욱 큰 법입니다. 그래서 2등을 위로할 때는 그 엄청난 실망감을 공감해줘야 합니다.

행복을 가르는 객관적 기준은 없습니다. 행복을 느끼는 순간은 사람에 따라 다르게 마련이지요. 하지만 자신이 행복해지기 위해 상대방을 깎아내리며 "그 사람에 비해 행복하구나"라고 생각하는 사람은 결국 다른 사람의 똑같은 생각에 의해 불행한 사람이 됩니다. 저 사람보다는 내가 행복하다며 위안을 구하는 사람은 이 사람에 비하면 불행하다고 쉽게 느낍니다. 바로 나 자신의 행복을 외부에서 찾으려 하기 때문입니다.

우리는 외적인 것들, 즉 외모, 학벌, 부, 명성 등으로 경쟁하는 경향이 있습니다. 그러나 외적인 것을 통해 얻은 만족감은 지탱해주던 그것이 사라지면 즉시 절망감으로 전환됩니다. 행복은 내면의 충만감에서 나와야 합니다. 외적인 것들이 모두 사라진다 해도 절망하지 않도록 내면을 무장해야 합니다.

모두가 부럽게 느낄 만한 외적 조건들이 주는 행복감은 유효기간이 매우 짧습니다. 휘발성이 강하여 곧 날아가버리죠. 자신을 사랑할 때 사소한 것들에서 매 순간 느끼는 행복감이 가장 오래갑니다. 우쭐함으로 얻어지는 행복은 순식간에 없어집니다.

부모가 어떤 상황에서 행복감을 느끼는지를 보며 아이들은 고스란히 영향 받습니다. 화분에 핀 꽃을 보며 행복해하는 엄마와, 맛있는 반찬 한 입에도 행복하다고 말하는 아빠를 보며 아이들은 행복이 멀리 있지 않음을 배웁니다. 작은 성취에도 기뻐하고 큰 실패에도 담대한 부모의 모습을 보며 아이는 자신을 사랑하는 방법과 용기를 배웁니다.

행복은 상대적으로 재단되는 것이 아닙니다. 스스로 독립적으로 행복하시길 바랍니다. 마음먹기에 따라 당신은 세상에서 제일 행복한 사람이 될 수 있습니다.

누군가의 거울이 된다는 것

 누군가에게 거울과 같은 대상이 되는 것처럼 멋진 일은 없습니다. 비난이나 충고 한마디 없이도 상대방이 자신을 비춰보도록 그저 거울이 되는 역할. 부모는 딱 거기까지만 하면 됩니다. 아이는 자기 모습이 어떠한지를 스스로 들여다보면서 변하기 시작하니까요.

 어릴 때는 자신에게 거울 같은 대상이 되어주는 사람이 바로 '부모'여야 합니다. 어른이 되어서는 거울 같은 대상이 '연인'이나 '배우자'가 되면 좋습니다.

 그런 거울이 되어주는 대상이 당신에게 존재한다는 사실만으로 당신은 행복한 사람입니다. 그런 당신이 아이에게 거울이 되어준다면 아이는 건강하게 발달하고 궁극에 행복한 어른이 될 것입니다.

아이와 함께 부모도 성장해야 한다

 부모는 대부분 자신이 어린 시절에 경험했던 양육 방식에 익숙하기 때문에 막연히 그게 옳다고 생각합니다. 그렇기에 기존 틀을 수정하고 상식적인 양육이 무엇인가를 늘 탐구하려는 부모는, 참으로 존경받을 만합니다.
 어린 시절에 옳은 줄 알았던 가치가 틀리다는 것을 알기는 하지만 미처 교정하지 못했다면 지금이라도 교정하려 노력해야 합니다.
 부모가 자신이 살아온 인생의 갈등으로부터 해방되고 자유로워져야 아이에게 맞는 진정한 옷이 보입니다. 그래서 아이의 문제로 상담하는 부모들을 위로하고 아이와 함께 치료해주는 일도 많습니다. 완벽하게 행동하는 부모는 절대 없습니다. 그렇지만 무엇이 옳은지를 알고 아이를 대하는 것과 모르고 아이를 대하는 것은 분명 다릅니다.

　인간의 행동은 어린 시절부터 무수히 쌓인 경험들에 대한 기억의 산물입니다. 내 아이에게 나쁜 기억, 부정적인 기억이 쌓일 때마다 그것이 인성으로 굳어지고, 아이가 살아가는 방식이 될 것이라고 상상해보세요. 당장 내 아이를 어찌 대해야 할지 답이 나올 것입니다.

　아이들이 자라면서 부모도 함께 성장해야 합니다. 어렵다고요? 당연히 쉽지 않은 일입니다. 하지만 해야 하지요. 내가 아닌 내 아이를 위해 말입니다.

　우리는 부모니까요.

아이는 언제나 옳다(개정증보판)

초판 1쇄 발행 2013년 1월 30일
개정판 1쇄 발행 2022년 2월 16일 **개정판 2쇄 발행** 2024년 12월 15일

지은이 천근아
펴낸이 최순영

출판1 본부장 한수미
라이프 팀장 곽지희
책임편집 김소현
디자인 윤정아
일러스트 김윤경

펴낸곳 ㈜위즈덤하우스 **출판등록** 2000년 5월 23일 제13-1071호
주소 서울특별시 마포구 양화로 19 합정오피스빌딩 17층
전화 02) 2179-5600 **홈페이지** www.wisdomhouse.co.kr

ⓒ 천근아, 2022

ISBN 979-11-6812-230-7 13590

- 이 책의 전부 또는 일부 내용을 재사용하려면 반드시 사전에 저작권자와 ㈜위즈덤하우스의 동의를 받아야 합니다.
- 인쇄·제작 및 유통상의 파본 도서는 구입하신 서점에서 바꿔드립니다.
- 책값은 뒤표지에 있습니다.